ERNÄHRUNGS-DOC
Dr. med. Silja Schäfer

Abnehmen trotz 1000 Ausreden

Mit Rezepten von Martina Kittler
und Texten von Franziska Pfeiffer

Inhalt

Schritt für Schritt zum Wunschgewicht

Die Rezepte

Die Symbole bei den Rezepten

- Ballaststoffreich (mehr als 10 g Ballaststoffe pro Portion)
- Vegan
- Glutenfrei
- Low Carb (weniger als 30 Energie-% aus Kohlenhydraten)
- Laktosefrei
- Proteinreich (mindestens 20 g EW pro Portion)
- Vegetarisch

Keine Ausreden mehr: in kleinen Schritten ans große Ziel

„Noch ein Buch zum Abnehmen – warum?", werden Sie vielleicht fragen, wenn Sie dieses Buch in den Händen halten. Seien Sie ehrlich: Wie oft haben Sie sich schon vorgenommen, gesünder zu essen und dabei ein paar Kilos loszuwerden? Endlich Schluss zu machen mit zu viel Zucker, Fast Food und Schokolade und mal wieder Sport zu treiben? Die guten Vorsätze waren bestimmt regelmäßig da, doch sie scheiterten wahrscheinlich immer wieder an der Umsetzung. Denn sobald es schwierig wird, fällt uns garantiert eine Ausrede ein, und wir verschieben die Idee von einem gesünderen Leben auf später. Im Erfinden von Ausreden sind wir schließlich Weltmeister, vor allem wenn es ums Abnehmen geht.

Dauerhaft Gewicht verlieren

Das liegt meist an schlechten Erfahrungen mit Crash- und Blitz-Diäten und an viel zu hohen Ansprüchen. Denn Abnehmen lässt sich nicht mal eben nebenbei mit vier Wochen Hungern erledigen. Viele Bücher, Zeitschriften und Zeitungen suggerieren das zwar, doch es funktioniert leider nicht. Ein gesunder Lebensstil ist kein Ziel, das man einmal erreicht, um dann so schnell wie möglich in den gewohnten alten Trott zurückzukehren. In diesem Buch geht es nicht ums Tempo, sondern um eine grundlegende Umstellung der Ernährungsgewohnheiten, bei der Sie von allein und dauerhaft überflüssiges Gewicht verlieren – wenn keine Ausrede dazwischenkommt.

Abnehmen als Erfolgsprojekt

Unzählige Ratgeber lehren heute, wie man erfolgreich arbeitet, lebt, glücklich oder reich wird. Dafür brauchen wir Vorbilder, die wir nachahmen können. Aus den Erfahrungen in meiner Praxis für Ernährungsmedizin weiß ich: Genau das müssen wir uns zu eigen machen, wenn es um einen gesünderen Lebensstil geht. Ein Projektmanager kann nur dann erfolgreich arbeiten, wenn er sich im Vorfeld genaue Projektpläne erstellt, diese exakt umsetzt und sie dann bewertet und gegebenenfalls anpasst. Lassen Sie uns das Projekt Abnehmen gemeinsam angehen. Nutzen Sie dafür die neuesten ernährungsmedizinischen Erkenntnisse, die ich Ihnen in diesem Buch mit auf den Weg gebe.

Von der Ausnahme zur Regel

Verändern Sie Ihre Gewohnheiten schrittweise. Beginnen Sie damit, dass Sie alles aufschreiben, was Sie essen und trinken. Lernen Sie dann, gute und schlechte Lebensmittel zu unterscheiden. Freunden Sie sich mit Gemüse an – und erfahren Sie, dass es beim Abnehmen nicht nur ums Essen, sondern auch um Psychologie, Stressbewältigung und Bewegung geht. Wenn Sie durch erste Erfolge motiviert sind, bleiben Sie leichter dran, bis eine gesunde Ernährung keine Ausnahme mehr, sondern die Regel geworden ist.

Grundlagen, Baukästen, Rezepte

Womit soll ich anfangen? Was kaufe ich ein? Was mache ich, wenn doch wieder etwas dazwischenkommt? Wie schaffe ich es, mehr Gemüse auf den Tisch zu bringen, und wie beuge ich Heißhunger vor? Werden Sie jede Woche ein bisschen schlauer – und belohnen Sie sich dafür. Im ersten Teil meines Buchs finden Sie 17 Tipps, die die Grundlage für eine gesunde und schlank machende Ernährungsweise sind. Dazu kommen mehr als 60 leckere Rezepte, mit denen Sie das Gelernte umsetzen können. Wenn die Küche kalt bleiben soll oder Sie nicht aufwendig nach Rezept kochen möchten, stellen Sie sich Ihre Mahlzeiten mithilfe meiner Baukästen zusammen. Seien Sie Ihr eigener Projektmanager. Legen Sie los! Viel Erfolg wünscht Ihnen Ihre

S. Schäfer

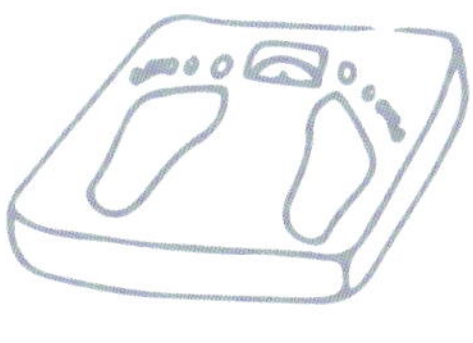

Besser essen und dabei abnehmen

Die guten Vorsätze nicht mehr auf die lange Bank schieben, sondern einfach starten und Schritt für Schritt ans Ziel kommen – das ist das Motto dieses Buchs. Erwarten Sie dabei keine schnellen Wunder. Nehmen Sie sich lieber Zeit. Hauptsache, Sie bleiben dran.

Wenn neue Patienten in meine Praxis kommen, sind die Abläufe häufig ähnlich. 10, 20 oder 30 Kilos sollen weg. Am liebsten natürlich sehr schnell und ohne große Anstrengung. In der Regel haben Übergewichtige schon reichlich Erfahrung mit gescheiterten Diäten. Allzu oft haben sie schwungvoll losgelegt, dann aber wieder aufgegeben, als sie merkten, dass Versprechen wie „10 Kilos in 10 Tagen" oder „Schlank in 3 Wochen" nicht realistisch sind. Kein Wunder, dass 90 Prozent aller Diäten scheitern und mehr als die Hälfte der Deutschen zu viel Gewicht auf die Waage bringt. Die Essgewohnheiten zu verändern, fällt den meisten sehr schwer. Von heute auf morgen gesund leben? Nie wieder zur heiß geliebten Schokolade greifen, wenn's Stress gibt? Auf Pizza, Pommes oder Pasta verzichten und stattdessen selbst Gemüse kochen und Esspausen aushalten? Sich aufraffen und bewegen statt den Feierabend auf der Couch zu verbringen? Das sind hohe Hürden, die nur zu schaffen sind, wenn die Motivation stimmt und Erfolgserlebnisse die Anstrengung belohnen.

Konkrete Pläne und Mitstreiter helfen

In meinem Praxisalltag haben sich dafür klare Regeln bewährt. Solange meine Patienten genau wissen, was sie wann tun müssen, um leichter und gesünder durchs Leben zu gehen, halten sie sich auch an konkrete Pläne. Am besten funktioniert das in Gruppen (hier kontrolliert und motiviert man sich gegenseitig) und mithilfe qualifizierter Fachkräfte, die Trainingsimpulse und Ernährungstipps geben. Diese Aufgabe übernehme ich mit diesem Buch für Sie. Wenn Sie damit allein nicht zurechtkommen, scheuen Sie sich nicht, Hilfe von Experten anzunehmen. Es gibt bundesweit gute Verbände (BDEM, VDD, VDOE), bei denen Sie Unterstützung finden.

Alles ist schwer, bevor es leicht ist

Ich möchte Ihnen keine neue Wunderdiät an die Hand geben, sondern Sie in kleinen, machbaren Schritten ans Ziel führen – mit 17 einfachen Tipps aus den Bereichen Ernährung, Psychologie und Bewegung im Alltag, die Sie erst einmal ausprobieren und dann möglichst oft wiederholen müssen. Das funktioniert ohne Nährwerttabellen und ohne Kalorienzählen, aber mit Disziplin. Denn Gewohnheiten zu verändern, ist alles andere als einfach. Es bedeutet Arbeit, Arbeit, Arbeit! Der Redner Marc Gassert hat es so formuliert: „Alles ist schwer, bevor es leicht ist." Das klingt erst einmal banal, doch an dieser Erkenntnis ist sehr viel dran. Orientieren Sie sich nicht an vergeblichen früheren Abnehmversuchen, sondern blicken Sie nach vorn.

Jede Woche eine Veränderung

Lesen Sie jeden Tipp in Ruhe. Am Ende finden Sie jeweils eine Maßnahme, was zu tun ist, und zwei Vorschläge mit Smiley-Symbolen. Später erstellen Sie mit der Tabelle ab Seite 38 Ihren persönlichen 16-Wochen-Plan. Setzen Sie sich nicht mehrere Ziele gleichzeitig. Nehmen Sie sich ein paar Tage Zeit, um eine neue Gewohnheit zu etablieren. Erst danach kommt eine weitere dazu.

Grundregeln und Anregungen

Die Aufgaben, die ich Ihnen stelle, sind sehr konkret, denn ich weiß, dass allzu lockere Ansagen gerne der weitverbreiteten Aufschieberitis und tausend Ausreden zum Opfer fallen. Nach dem Motto „Hört sich prima an, kann ich aber später machen" sind die guten Vorsätze im Nu wieder aus dem Bewusstsein verschwunden. Und es passiert gar nichts. Zu meinen 17 einfachen Grundregeln kommen noch weitere Tipps und Ideen im Rezeptteil, die Ihnen die Umsetzung erleichtern.

DIE WICHTIGSTEN PRINZIPIEN DER LOGI-METHODE

- Die Basis bilden stärkearmes Gemüse und Obst. Das Verhältnis sollte 3:2 sein, also 3 Portionen Gemüse und 2 Portionen zuckerarmes Obst pro Tag, verteilt auf 2 oder 3 Mahlzeiten.
- Vollkornprodukte wie Brot, Müsli, Reis, Nudeln und auch Kartoffeln sind in Maßen erlaubt – sie haben einen niedrigen glykämischen Index.
- Tierische und pflanzliche Eiweißlieferanten wie Fisch, Geflügel, mageres Fleisch, Eier, Milch, Milchprodukte sowie Nüsse und Hülsenfrüchte dürfen in etwas größeren Mengen auf den Tisch.
- Wichtig ist ein hoher Anteil einfach ungesättigter Fettsäuren und Omega-3-Fettsäuren aus Nüssen und fetten Seefischen. Verwenden Sie Olivenöl und andere Öle regelmäßig in moderaten Mengen.

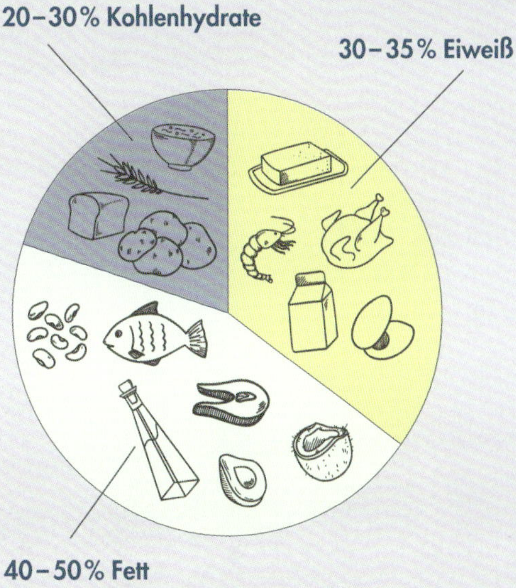

Abnehmen mit LOGI

In meiner Praxis für Ernährungsmedizin hat sich zum gesunden Abnehmen die sogenannte LOGI-Methode am besten bewährt, zu der ich in modifizierter Form rate. Es geht dabei um ein ganzheitliches Abnehmkonzept, das auf mehreren Ebenen wirkt. Gesunder und nachhaltiger Gewichtsverlust basiert nicht in erster Linie auf Kalorienreduktion, sondern verbessert die Blutfettwerte und den Stoffwechsel, sodass der gesamte Organismus davon profitiert. Das Wort „LOGI" steht für „Low Glycemic and Insulinemic Diet", also für eine Ernährungsform, bei der der Blutzucker- und Insulinspiegel bewusst niedrig gehalten werden. Das gelingt, indem man weniger Kohlenhydrate (Low Carb) zu sich nimmt, als es sonst üblicherweise empfohlen wird. Die LOGI-Methode war ursprünglich gar nicht zum Abnehmen gedacht, sondern sollte eine Ernährungsform sein, die Menschen mit Insulinresistenz hilft. Sie hat sich aber schnell als effektives Abnehmprogramm erwiesen.

Kein Zucker, wenig Obst, viel Gemüse

Was bedeutet das für Ihre tägliche Ernährung? Halten Sie sich nicht nur bei Süßigkeiten und anderen zuckerhaltigen Produkten zurück, sondern auch bei süßem Obst und Fertiggerichten. Setzen Sie Ihren Schwerpunkt auf Gemüse, und zwar nach der Faustregel: Die Hälfte des Tellers ist mit Gemüse gefüllt, ein Viertel bis ein Drittel mit eiweißhaltigen Nahrungsmitteln und der Rest mit Beilagen. Essen Sie höchstens ein- bis zweimal pro Woche Fleisch und zwei- bis dreimal Fisch. Und nehmen Sie nicht mehr als drei Mahlzeiten pro Tag zu sich. Auf Seite 162 finden Sie einen Wochenplan als Beispiel, wie Sie die Rezepte aus diesem Buch entsprechend zusammenstellen können. Mit unseren Rezepten (ab Seite 42) sind Sie rundum gut versorgt. Sie geben Ihnen auch Orientierung, was die richtigen Mengen angeht. Sollten Sie nicht satt werden, können Sie mit Gemüse beliebig verlängern. Besonders alltagstauglich sind unsere Meal-Prep-Rezepte (ab Seite 138), mit denen Sie Zeit in der Küche sparen und clever auf Vorrat oder gleich für den nächsten Tag mitkochen können.

Vier Säulen für den Erfolg

Zu einem gesunden Lebensstil gehört natürlich mehr als Ernährung. Ich orientiere mich dabei an einer wissenschaftlichen Methode namens BERN, die mithilfe von vier Säulen den Umgang mit Stress und Herausforderungen verbessert. BERN steht für Behaviour (positive Einstellung), Exercise (Sport, Bewegung), Relaxation (Entspannung) und Nutrition (Ernährung). Das heißt für Ihr Verhalten:

- Gehen Sie achtsam mit sich selbst um.
- Nehmen Sie sich klare Aufgaben vor, die Sie erfüllen können, ohne zu viel gleichzeitig machen zu müssen.
- Tun Sie sich selbst etwas Gutes – und das mit ganzer Kraft.
- Geben Sie positiven Erlebnissen mehr Raum und ärgern Sie sich nicht über Dinge, die Sie nicht ändern können.

In Sachen Sport (Exercise) gilt: Bewegung unterstützt nicht nur das Abnehmen und hält gesund. Wer sich körperlich betätigt, findet auch einen heilsamen Ausgleich zum alltäglichen Stress. Sie müssen dafür nicht viel Zeit investieren, denn es gibt reichlich Möglichkeiten, Bewegung in den Alltag zu integrieren. Ob Sie sich angewöhnen, bestimmte Strecken regelmäßig zu Fuß zu gehen, das Auto gegen das Fahrrad zu tauschen oder ein paar Muskelaufbau- und Fitness-Übungen zu machen: Jede Form von Aktivität zählt. Zum Herunterkommen sollten Sie zusätzlich auf Entspannung (Relaxation) setzen: mit regelmäßigen kleinen Pausen im Alltag, Atemübungen, Meditationen oder auch Digitalabstinenz auf Zeit. In dem Arbeitsheft, das diesem Buch beiliegt, finden Sie eine Vorlage, um Ihren Alltag nach BERN zu analysieren.

Listen gegen Ausreden

Ob Einkaufslisten, Tagespläne oder Dinge, für die Sie dankbar sind – ich werde Sie in diesem Buch immer wieder bitten, etwas aufzuschreiben. Nutzen Sie dafür auch das beiliegende Arbeitsbuch. Erstellen Sie zusätzlich persönliche Listen und kleine Merkzettel mit bunten Post-its, die Sie sich an den Kühlschrank, den Spiegel oder die Haustür kleben, wenn Sie sich bei Ausreden erwischen.

SO FUNKTIONIERT DIESES BUCH

- Lesen Sie auf den folgenden Seiten 17 hilfreiche Tipps und Anregungen zum Abnehmen. Kreuzen Sie bei jedem Tipp an, ob Sie die ambitioniertere ☺ oder die softe Maßnahme 😐 umsetzen möchten bzw. was Ihnen leicht und weniger leicht fällt.
- Ab Seite 38 finden Sie eine Tabelle, in der alle Tipps auf einen Blick zusammengefasst sind. Beginnen Sie in der ersten Woche, ein Ernährungstagebuch zu führen, und nehmen Sie Tipp 17 in Angriff. Danach kommt jede Woche eine neue Aufgabe dazu.
- Erstellen Sie mithilfe der Tabelle Ihre persönliche Prioritätenliste, in der Sie festlegen, in welcher Reihenfolge Sie vorgehen wollen.
- Nach 16 Wochen kennen Sie die Grundlagen für eine gesunde und schlank machende Ernährung und müssen nur noch dranbleiben bzw. sich steigern. So entsteht Ihre ganz individuelle Ernährungsform für jeden Tag.
- Bevor es losgeht, noch ein wichtiger Tipp: Schrauben Sie Ihre Erwartungen nicht zu hoch. Wenn Sie innerhalb eines Jahres nur 5 Prozent Ihres Körpergewichts verlieren, ist das ein großartiger Erfolg!

Gesund schlank: ein typischer Tag

Vom Aufstehen bis zum Schlafengehen – mit ausreichend Motivation ist ein gesunder Tag zu schaffen. So geht's Schritt für Schritt:

1. Konzentrieren Sie sich morgens ein paar Minuten auf Ihre Ziele: Was wollen Sie wann essen? Wie überstehen Sie schwache Momente? Wann werden Sie sich bewegen? Am besten schreiben Sie alles auf. Das schafft Verbindlichkeit.

2. Egal ob Sie schon morgens um 6 Uhr am Tisch sitzen oder erst einmal nur einen schwarzen Kaffee trinken und um 10 Uhr essen – nehmen Sie sich Zeit für ein Frühstück. Geeignet sind Quark mit hochwertigem Öl, Obst, Haferflocken, Vollkornbrot, Eier oder zuckerfreie Müslis (siehe Rezepte ab Seite 42).

3. Halten Sie danach vier bis fünf Stunden Esspause durch. Greifen Sie nur zu Notfall-Snacks in Form von Nüssen, Rohkost, einem Naturjoghurt oder einem Stückchen Käse (siehe auch Seite 102).

4. Zum Mittagessen kombinieren Sie Eiweißreiches (z. B. Geflügel) überwiegend mit Gemüse und Salat. Reduzieren Sie kohlenhydrathaltige Beilagen wie Nudeln oder Kartoffeln auf maximal ein Viertel Ihres Tellers.

5. Halten Sie den Nachmittag ohne Snack durch. Aufkommenden Hunger oder Appetit „dämpfen" Sie mit einem großen Glas Wasser, einer Tasse Tee oder mit einem Kaffee (ohne Milch, ohne Zucker, ohne Kekse). Oder Sie lenken sich so ab, dass der kleine Hunger zwischendurch in Vergessenheit gerät.

6. Das Abendessen (z. B. leicht verdauliches Eiweiß mit gedünstetem Gemüse oder ein Vollkornbrot mit Käse und Rohkost) sollte möglichst früh auf den Tisch, dann können Sie die nächtliche Fastenphase verlängern. Wenn Sie um 19 Uhr aufhören zu essen und dann erst um 10 Uhr frühstücken, kommen Sie auf eine Fastenphase von 15 Stunden.

7. Kein Tag ohne Bewegung! Überlegen Sie morgens: Was kann ich heute tun? Wie schaffe ich 10 000 Schritte? Was lässt sich nebenbei machen (Treppensteigen, Fußwege, Radfahren)? Wie komme ich sonst noch in Schwung (Rehasport, Laufen im Park, Schwimmen, Muskelaufbau- oder Fitness-Training im Verein oder zu Hause)? Denken Sie dran: Bewegung sollte ab sofort eine feste Größe in Ihrem Alltag sein!

8. Halten Sie vor dem Schlafengehen Rückschau: Habe ich mein Ziel heute erreicht? Wenn nicht, woran lag es? Was ist mir gelungen? Was habe ich sonst Positives erlebt? Wofür bin ich dankbar? Schreiben Sie alles auf!

Tipp 1

Ernährungstagebuch: Verschaffen Sie sich Klarheit!

Ein Ernährungstagebuch hilft Ihnen dabei, typische Essfehler zu erkennen und das eigene Verhalten entsprechend zu ändern. Außerdem führt es dazu, dass Sie bewusster essen. Die Ausrede „Kleinigkeiten fallen gar nicht auf" ist damit schnell widerlegt.

Ein Bonbon, eine Banane, ein Fruchtjoghurt oder ein Keks zwischendurch sind schnell verzehrt. „Alles nur Kleinigkeiten", heißt es dann, „die fallen nicht sonderlich ins Gewicht." Das ist leider ein Trugschluss – und zwar aus zwei Gründen: Erstens addieren sich viele Kleinigkeiten schnell zu beachtlichen Mengen. Und zweitens treiben vor allem süße Sachen den Blutzuckerspiegel unnötig in die Höhe, auch wenn sie nur in geringen Mengen gegessen werden. Viele essen, obwohl sie keinen echten Hunger haben. Aus Langeweile, gegen Stress oder einfach aus Gewohnheit. Ein Ernährungstagebuch kommt dem auf die Spur.

Essgewohnheiten dokumentieren

Beginnen Sie Ihre Ernährungsumstellung deshalb mit dem Aufschreiben. Das verlangt erst einmal nicht mehr als ein bisschen Disziplin und Ehrlichkeit gegenüber sich selbst. Sie können dafür die entsprechenden Seiten in dem beiliegenden Arbeitsbuch nutzen oder sich selbst Vorlagen bzw. Tabellen erstellen. Wenn Ihnen das zu umständlich ist, greifen Sie zum Handy und fotografieren Sie jeden kleinen Snack, bevor Sie ihn essen. Beim Anblick der gesammelten Bilder ziehen Sie dann am Abend Bilanz. Analysieren Sie auch, in welcher Situation bzw. warum Sie über die Stränge geschlagen haben. Zudem sollten Sie darauf achten, ob Sie zum Beispiel genug Gemüse essen oder sich ausreichend mit Eiweiß versorgen.

Beschwerden notieren

Falls Sie den Verdacht haben, dass Sie unter Lebensmittelunverträglichkeiten leiden, sollten Sie zusätzlich notieren, wann Beschwerden auftreten. So lässt sich leicht feststellen, was Sie vertragen und was Sie meiden sollten.

Bitte nicht schummeln

Oft beginnen meine Patienten schon von allein, ungünstige Essgewohnheiten zu hinterfragen, wenn sie erst einmal dokumentiert sind. Halten Sie zunächst sieben Tage lang alles schriftlich fest, was Sie essen: alle regelmäßigen Mahlzeiten und alle Getränke, aber auch jedes Gummibärchen und jede Salzstange zwischendurch. Seien Sie dabei ehrlich zu sich selbst. Schummeln hilft Ihnen nicht weiter. Wenn Sie unter ärztlicher Aufsicht oder mithilfe eines Ernährungsberaters abnehmen, legen Sie Ihr Ernährungstagebuch vor, um mögliche Verbesserungen zu besprechen.

▶ To do:

„Ich esse nicht viel und weiß gar nicht, wo mein Übergewicht herkommt." Wer kennt solche Sätze nicht? Oft sind es Kleinigkeiten, die die Bilanz verderben. Schreiben Sie deshalb alles auf, was Sie essen und trinken. Alles, ohne Ausnahme! Arbeiten Sie mit verschiedenen Farben, das erleichtert die Analyse.

🙂 Gute Idee! Ich fange gleich morgen an und fülle sieben Tage lang das Ernährungstagebuch, das diesem Buch beiliegt, aus.

😐 Aufschreiben ist mir zu umständlich, aber ich will gerne wissen, was ich so alles zu mir nehme. Ich fotografiere drei Tage lang jeden Happen mit dem Handy.

Tipp 2

Ab an den Herd: Gemüse essen und selbst kochen

Gemüse ist gesund, das weiß mittlerweile wohl jedes Kind. Trotzdem essen die meisten zu wenig davon. Entdecken Sie Gemüse als Abnehmhelfer, stellen Sie sich selbst an den Herd und werden Sie Ihr eigener Koch.

Ob Tomaten, Paprika, Möhren, Zwiebeln oder Kohl – Gemüse ist vielseitig, supergesund, gut für die Figur und preiswert. Trotzdem ist es nicht besonders beliebt. Viele meiner Patienten haben Probleme mit dem Geschmack und wissen nicht, wie Sie es zubereiten sollen. Studien zufolge essen nur etwas mehr als ein Drittel der Deutschen jeden Tag Gemüse. Wir sind also im Durchschnitt sehr weit weg von der Empfehlung, täglich etwa 400 Gramm zu essen. Mein Tipp: Führen Sie zum Einstieg einen Gesundheits-Samstag ein. Kaufen Sie auf dem Markt ein und bereiten Sie Ihr Gemüse zu Hause bei schöner Musik zu.

Lassen Sie sich nicht manipulieren

Denn wenn Sie gesünder essen wollen, müssen Sie Ihr Gemüse nicht nur frisch kaufen, sondern auch selbst zubereiten. Das ist Arbeit, aber es lohnt sich. Jede einzelne Körperzelle wird es Ihnen danken. Mein Appell richtet sich vor allem an Männer. Überlegen Sie mal, was Sie alles für Ihr Auto tun. Investieren Sie genauso viel Zeit in Ihre eigene Karosserie. Werden Sie Ihr eigener Koch! Dabei geht es auch um Psychologie: Selbstgemachtes wird höher bewertet. Es hält länger satt. Der Umgang damit ist achtsamer und wertschätzender. Wenn Sie sich selbst in die Küche stellen, haben Sie die Kontrolle über Ihren Teller. Niemand kann Ihren Appetit mit Geschmacksverstärkern über die natürliche Sättigungsgrenze hinaus steigern oder Ihnen Zucker unterjubeln, von dem Sie nichts ahnen.

Gesund und schlank mit Gemüse

Gemüse macht nicht nur schlank, sondern auch fit. Es enthält Vitamine, Mineral- und Ballaststoffe, die die Abwehrkräfte stärken, den Stoffwechsel ankurbeln und uns vor Krankheiten schützen. Tomaten, Paprika, Kohl und Co. haben vergleichsweise wenig Kalorien, füllen aber den Magen mit Volumen. Das fördert das Abnehmen. Außerdem enthält Gemüse Mikronährstoffe in Form von Pflanzeninhaltsstoffen, die entzündungshemmend wirken. Und nicht zu vergessen: Gemüse senkt den Cholesterinspiegel und den Blutdruck. Ob roh oder gekocht: Genießen Sie die bunte Vielfalt! Sie können übrigens guten Gewissens zu Tiefkühlgemüse greifen, solange es unverarbeitet eingefroren wird. Anders als Tiefkühl-Fertiggerichte hat Gemüse aus dem Froster keine gesundheitlichen Nachteile. Bereiten Sie frisches Gemüse so schonend wie möglich zu. Am besten dünsten Sie es bei geschlossenem Deckel mit wenig Wasser – so bleibt ein Maximum an gesunden Nährstoffen erhalten. Kaufen Sie nach Jahreszeiten und möglichst in Bio-Qualität. Und achten Sie auf die richtige Lagerung. Als grobe Faustregel gilt: heimisches Gemüse im Kühlschrank lagern, Südfrüchte nicht.

▶ To do:

Um gesund abzunehmen, kommen Sie um Gemüse nicht herum. Machen Sie es zum festen Bestandteil Ihrer täglichen Ernährung. Nehmen Sie Ihr Ernährungstagebuch zur Hand. Kommen Sie auf drei Portionen (Handvoll) Gemüse am Tag?

☺ Ich bereite diese Woche fünf Mahlzeiten mit Gemüse zu.

😐 Ich starte mit dem Gesundheits-Samstag und koche dabei für zwei Tage Gemüse vor (siehe Rezepte ab Siete 138).

Tipp 3

Der Pausentrick: ein paar Stunden Ruhe im Bauch

Auch wenn es nur Kleinigkeiten sind – wer sich zwischendurch immer mal wieder einen Snack genehmigt, blockiert die Fettverbrennung und kann nicht mehr zwischen Hunger und Appetit unterscheiden. Längere Esspausen schaffen Abhilfe.

Hier ein Stückchen Schokolade, da mal schnell eine Salamischeibe, unterwegs in der Stadt einen Fruchtsaft to go, weil's so gut schmeckt, und zum Kaffee in der Konferenz die leckeren Plätzchen: Wir sind offenbar Weltmeister im Snacking. Zwischen den Hauptmahlzeiten greifen wir meist unbewusst viel zu oft zu Kleinigkeiten. Auch wenn diese keine großen Mengen an Kalorien enthalten, macht das viele Knabbern zwischendurch dick. Denn jedes Häppchen Süßes – und sei es noch so klein – löst eine Insulinausschüttung aus. Der Insulinspiegel hat keine Chance, wieder auf ein normales Maß zu sinken.

Ein gesundes Sättigungsgefühl

Der Körper kann gespeichertes Fett nicht verbrennen, wenn immer wieder etwas nachgefüllt wird, das verarbeitet werden muss. Also legt er Fettspeicher an. Damit der Stoffwechsel effektiv und ungestört arbeitet, sollten mindestens vier, besser fünf komplett essfreie Stunden zwischen den drei Hauptmahlzeiten liegen. Wer das nicht gewohnt ist, spürt meist schon nach zwei Stunden ein Verlangen nach Essbarem, das eher auf Appetit als auf echtem Hunger basiert. Wir essen auch häufig, um Stress abzubauen, was für die Figur natürlich besonders verhängnisvoll ist. Wer es gewohnt ist, viel zwischendurch zu snacken, merkt die Unterschiede zwischen Hunger und Appetit kaum. Denn ein gesundes Sättigungsgefühl kann sich nur einstellen, wenn der Blutzucker sich auf ein normales Maß einpendelt (siehe Seite 17).

Leichtes Magenknurren aushalten

Sich abzulenken, ist das beste Gegenmittel, wenn man Lust auf Snacken bekommt. Dafür ist am Anfang ein bisschen Disziplin erforderlich. Doch mit der Zeit gewöhnt sich der Körper daran, dass nicht sofort etwas kommt, und empfindet das nicht mehr als Mangel. Selbst bei leichtem Magenknurren muss nicht auf der Stelle etwas in den Bauch. Eine Stunde bis zum Mittag- oder Abendessen lässt sich meist gut überbrücken – zum Beispiel mit Getränken wie einem Glas Wasser, einem Tee oder einem Kaffee (natürlich ohne Milch, ohne Zucker und ohne Kekse). Ein paar Stunden Esspause sind der optimale Einstieg in eine lebenslange Gewohnheit.

Meine kleine Schatzkiste

Legen Sie sich eine kleine Schatzkiste, Schatzschale oder einen Schatzteller an, auf den Sie alles legen, was Sie normalerweise zwischendurch essen würden. Abends können Sie dann nicht nur staunen, was im Laufe des Tages zusammengekommen ist. Sie können sich auch eine besonders leckere Sache aussuchen und zur Belohnung essen. Aber wirklich nur eine! Betrachten Sie den Rest mit Stolz („Wow, das habe ich alles nicht verspeist!").

Warum möchte ich das jetzt essen?

Um das zu schaffen, müssen Sie sich vor jedem Snack die wichtige Frage stellen: „Warum möchte ich das jetzt essen?" Seien Sie ehrlich zu sich selbst. Verhalten Sie sich nicht wie ein trotziges Kind, das einfach „Darum" sagt, wenn ihm keine Antwort einfällt. Denken Sie vernünftig darüber nach und reflektieren Sie die Antworten, die Ihnen spontan einfallen. Häufig ist das so etwas wie „Weil es Spaß macht", „Weil es gerade da ist" oder „Weil es schmeckt". Eine andere Möglichkeit: Sie stecken sich einen Schmuckstein, eine Kastanie oder ein kleines Stofftier in die Tasche und greifen immer dann danach, wenn Sie eigentlich snacken möchten. Das dient als Erinnerung zum Starksein und Starkbleiben. Auch ein Memozettel kann hilfreich sein. Ob an den Küchenschrank oder an die Schreibtischschublade – hängen Sie ihn dort auf, wo die Snackgefahr besonders groß ist.

Kekse und Kuchen zur Not als Dessert

Wenn Sie künftig auf ausreichende Esspausen achten, sollten Sie zu den Hauptmahlzeiten nicht zu wenig essen. Eiweißreiche Gerichte sind besonders gute Sattmacher (siehe Seite 14). Sie wollen oder können (noch) nicht auf süße Snacks verzichten? Dann essen Sie sie nicht zwischendurch, sondern bringen Sie Kekse, Kuchen und Co. als Dessert nach dem Mittagessen auf den Tisch. Denn nach einer Mahlzeit ist der Insulinspiegel ohnehin erhöht.

Effektives Intervallfasten

Das Prinzip „Esspausen einhalten" lässt sich erweitern. Wenn Sie die Zeiten ein bisschen ausdehnen, sind Sie schnell beim Intervallfasten (auch intermittierendes Fasten genannt), das sich bei vielen meiner Patienten bewährt hat, um gesünder zu essen und dabei Übergewicht abzubauen. Um davon zu profitieren, stehen verschiedene Intervallfasten-Methoden zur Verfügung, die sich in Sachen Dauer und Häufigkeit unterscheiden:

Erholung für den Körper: längere Esspausen.

- Beim **5:2-Fasten** essen Sie an fünf Tagen in der Woche normal, also gesund und ausgewogen mit drei Hauptmahlzeiten und ohne Snacks. An zwei weiteren Tagen (z. B. am Montag und Donnerstag) gibt es nur ein Viertel der sonst üblichen Mengen. Dabei kommen vor allem Gemüse, Vollkorngetreide, Haferflocken und reichlich Flüssigkeit auf den Tisch.
- Fasten nach der **8:16-Methode** heißt, dass Sie innerhalb von acht Stunden zwei größere oder drei kleinere Mahlzeiten zu sich nehmen und in den restlichen 16 Stunden gar nichts essen. Das geht zum Beispiel mit einem späten Frühstück und einem frühen Abendessen. So können Sie die Nacht in die 16 essfreien Stunden einbeziehen. Manche essen auch lieber zu Mittag und zu Abend, lassen aber das Frühstück ausfallen.

▶ To do:

Gönnen Sie Ihrem Körper Erholungspausen vom Essen, indem Sie vier, am besten fünf Stunden lang nichts zu sich nehmen. Verzichten Sie auf Snacks zwischen den Mahlzeiten. Überlegen Sie sich vorher, wie Sie sich ablenken, wenn die Lust auf Snacks Sie überkommt.

☺ Das schaffe ich. Ich werde diese Woche von Montag bis Freitag nichts mehr außerhalb der Mahlzeiten essen und an einem Tag Intervallfasten ausprobieren.

😐 Ich brauche vormittags einen kleinen Kick, dafür lasse ich den Snack am Nachmittag von Montag bis Freitag weg und esse an einem Wochentag 16 Stunden gar nichts.

Tipp 4

Proteinpower: Essen Sie Eiweiß!

Eiweiß gilt zu Recht als kalorienarmer Sattmacher und wirkt vorbeugend gegen Heißhunger. Aktuelle Untersuchungen zeigen, dass dieser wichtige Nährstoff die Gewichtsabnahme effektiv fördert und den Muskelaufbau unterstützt.

Eiweiß hat viele Talente: Es zügelt den Appetit, wirkt vorbeugend gegen Heißhungerattacken und ist ein prima Sattmacher, der lange anhält, sodass man mit weniger Kalorien durch den Tag kommt. Eiweißreiche Diäten führen daher zu einem stärkeren Gewichtsverlust als eiweißarme. Außerdem fördern Proteine den Muskelaufbau, stabilisieren den Blutzuckerspiegel und gelten als Schönmacher von innen. Denn sie sorgen dafür, dass die Elastizität der Haut erhalten bleibt oder sich verbessert. Protein ist aus lebenswichtigen Aminosäuren zusammengesetzt, die bedeutende Aufgaben beim Aufbau des Körpers für die Zellen, Muskeln, Knochen, Haare, Haut und Nägel haben. Ohne Aminosäuren hätten wir mehr Hunger und schlechtere Laune, der Stoffwechsel und die Verdauung könnten ihre Aufgaben nicht erfüllen.

Guter Baustoff für den Körper

Von 20 proteinbildenden Säuren sind acht essenziell. Das heißt, dass der Körper sie nicht selbst herstellen kann. Wir müssen sie mit der Nahrung aufnehmen, damit der Organismus regelmäßig neuen Baustoff erhält. Erst wenn der Körper alle Kohlenhydrate als Brennstoff verbraucht hat, greift er auf Körperfett und Eiweiß zurück. Während der Abbau von Fett beim Abnehmen willkommen ist, sollte der Eiweißabbau durch genügend Proteine aus der Nahrung vermieden werden. Ansonsten würden wir Muskeln verlieren.

Faustregel für die Dosis

Als Faustregel für die richtige Dosis bei Gesunden gilt unabhängig vom Geschlecht die Empfehlung, 1 bis 1,2 Gramm Eiweiß pro Kilogramm Normalgewicht zu essen. Wer viel trainiert, kann die Dosis bis maximal 1,5 Gramm pro Kilo steigern. Etwa 30 Prozent der täglichen Kalorienmenge sollte aus Proteinen bestehen. Allerdings müssen Sie auch auf die Qualität der Proteinquellen Wert legen. Achten Sie auf die Herkunft, die Tierhaltung und den Verarbeitungsgrad. Bevorzugen Sie Bio-Lebensmittel. Tierisches Eiweiß erfüllt zwar seine Funktion als Proteinlieferant, hat aber andere gesundheitliche Nachteile, die möglicherweise das Leben verkürzen. Durch die Zugabe von Nitrit besteht bei verarbeitetem Fleisch ein erhöhtes Krebsrisiko. Auch das Mikrobiom verändert sich. Richten Sie den Fokus auf pflanzliches Eiweiß aus Hülsenfrüchten (Erbsen, Linsen, Bohnen), Getreide (Dinkel, Haferkleie und -flocken), Pseudogetreide (Amarant, Quinoa, Lupine), Nüssen und Samen.

Fleisch: Achten Sie auf Bio-Qualität!

Wenn Sie Fleisch essen möchten, sollten sie möglichst Bio-Fleisch kaufen. Denn das hat prozentual mehr Eiweiß und weniger Fett. Das liegt daran, dass Tiere, die sich bewegen, mehr Muskeln haben. Auch beim Lachs hat bio Vorteile. Achten Sie beim Kauf von Fisch auf Ware aus nachhaltiger Aquakultur oder auf das MSC-Siegel. Je natürlicher und artgerechter ein Tier leben durfte, desto weniger proteinverdünnt ist sein Fleisch. Verzichten Sie komplett auf verarbeitetes Fleisch wie Wurst und essen Sie rotes Fleisch als Steak oder Braten nur maximal alle fünf bis zehn Tage. Je nach Herkunft und Art der Verarbeitung kann sein Verzehr sogar schädlicher sein als Rauchen.

Die biologische Wertigkeit

Die Qualität von Eiweiß wird an der sogenannten biologischen Wertigkeit gemessen. Die gibt an, wie viel Gramm körpereigenes Eiweiß aus 100 Gramm Nahrungseiweiß gebildet werden können. Um gesundheitlich davon zu profitieren, gilt: je höher, desto besser. Die Bezugsgröße ist ein Hühnerei mit einer biologischen Wertigkeit von 100; dazu werden andere Lebensmittel in

Relation gesetzt. Je höherwertig ein Eiweiß demnach ist, desto weniger benötigt man davon, um den Bedarf zu decken. Während eiweißreiche Lebensmittel wie Käse, Milch, Fisch, Kartoffeln oder Rindfleisch eine biologische Wertigkeit um die 80 haben, lässt sich diese mit bestimmten Kombinationen steigern und erreicht damit Werte, die über denen des Hühnereis liegen. Wenn Sie ein Ei mit Kartoffeln (ein Drittel Ei, zwei Drittel Kartoffeln) kombinieren, entsteht eine biologische Wertigkeit von 138. Auch die Kombination Milch und Kartoffeln oder Bohnen und Mais führt zu besonders wertvollem Eiweiß. Das gilt zum Beispiel auch für unser Gemüserührei (siehe Seite 66).

Eiweißshakes als Einstiegshilfe
Im Rahmen zahlreicher Diäten wird zu Eiweißshakes geraten, die stark kohlenhydratreduziert und reich an Protein sind. Sie machen satt und erleichtern das Abnehmen. Ich empfehle diese Form der Eiweißzufuhr in der Regel nur, wenn starkes Übergewicht relativ schnell abgebaut werden muss. Idealerweise findet eine sogenannte Formula-Diät unter ernährungsmedizinischer Aufsicht statt. Eiweißshakes sind nur eine kurzfristige Lösung und eine Motivationshilfe, denn man sieht schnell Erfolge, wenn man eine oder zwei Mahlzeiten am Tag in Form eines Shakes zu sich nimmt.

Eine perfekte Kombination: Eier und Kartoffeln.

Eiweiß macht gute Laune
Eine eiweißreiche Ernährung hat noch einen weiteren Vorteil: Die Aminosäure Tryptophan wird im Körper zu Serotonin umgebaut. Dieser Botenstoff beeinflusst die Emotionen und gilt zu Recht als Glücklichmacher. Serotonin hat über das zentrale Nervensystem eine große Bedeutung für verschiedene Prozesse im Körper. Dazu gehören die Temperaturregulation, der Appetit, der Schlaf-wach-Rhythmus, die Bewertung des Schmerzes, der Antrieb und die Stimmung. Das merken wir daran, dass eine eiweißreiche Ernährung die Laune und die Schlafqualität verbessert. Auch gegen Antriebs- und Lustlosigkeit kann mehr Protein helfen. Nicht umsonst heißt es oft: ohne Eiweiß kein Leben. Der Begriff „Protein" stammt aus dem Altgriechischen („protos") und bedeutet „das Wichtigste" oder „das Erste".

▶ To do:

Achten Sie darauf, dass Sie ausreichend gesunde Proteine zu sich nehmen und insbesondere zu Ihren Hauptmahlzeiten reichlich Eiweiß essen. Im Rezeptteil hinten im Buch sind besonders eiweißreiche Rezepte mit gekennzeichnet.

☺ Das überzeugt mich. Ich achte auf mindestens eine eiweißhaltige Zutat bei jeder Mahlzeit (siehe Tabelle Seite 164).

😐 Ich möchte mich langsam daran gewöhnen und esse von jetzt an jeden zweiten Tag eine eiweißreiche Mahlzeit.

Tipp 5

Die richtige Auswahl: gute und schlechte Kohlenhydrate

Kohlenhydrate haben den Ruf, echte Dickmacher zu sein, von denen die meisten zu viel essen. Das stimmt nicht immer, denn es kommt weniger auf die Menge als auf die richtige Auswahl an. Schließlich sind nicht alle Kohlenhydrate gleich.

Neben Fett und Eiweiß gehören Kohlenhydrate zu den drei Makronährstoffen. Sie sind allerdings in den letzten Jahren zunehmend als Dickmacher in Verruf geraten. „Lassen Sie die Kohlenhydrate doch einfach weg, dann klappt es mit dem Abnehmen von allein", heißt es häufig. Ganz so einfach ist es aber nicht. Denn eine Ernährungsweise völlig ohne Kohlenhydrate ist praktisch nicht möglich – und auch nicht das Ziel einer gesunden Ernährung. Ohne die Carbs würden vor allem die Ballaststoffe fehlen, die den Darm gesund halten. Sinnvoll ist es aber, auf die ungesunden Kohlenhydrate zu verzichten. Denn die sind tatsächlich Dickmacher. Gesunde Carbs ja, ungesunde nein: Das gelingt am besten mit einer möglichst zuckerfreien Ernährung. Wer Süßigkeiten, Knabbereien, Fertig- und Weißmehlprodukte, Kuchen, Kekse und gezuckerte Getränke weitgehend vom Speiseplan streicht, ist auf der sicheren Seite.

Lebensmittel als Ganzes betrachten

Wie unterscheiden sich gesunde und ungesunde Kohlenhydrate? Mit den „schlechten" sind meist einfache, schnelle, kurzkettige und raffinierte Kohlenhydrate gemeint. Sie finden sich in Fertiggerichten und anderen Lebensmitteln, die industriell mit Zucker versetzt werden. Natürliche Lebensmittel wie Obst und Gemüse enthalten ebenfalls Kohlenhydrate, die – solange sie gut dosiert bleiben – nicht automatisch schlecht sind. Man muss ein Lebensmittel immer als Ganzes betrachten. Obst, Gemüse, Samen und Nüsse enthalten zum Beispiel auch wichtige Mikronährstoffe wie Vitamine, Mineralstoffe und Antioxidanzien und sind daher eine bessere Quelle für Kohlenhydrate.

Erhöhtes Risiko für Krankheiten

Einfache Kohlenhydrate gelangen schnell aus dem Magen-Darm-Trakt ins Blut und lassen den Blutzuckerspiegel rasch ansteigen. Der Körper schüttet daraufhin das Hormon Insulin aus, das den Zucker aus dem Blut herausholt. Wird der erhöhte Blutzucker auf diese Weise schnell abgebaut, hat man Probleme, sich zu konzentrieren, oder wieder Lust auf den nächsten süßen Snack. Kommen regelmäßig zu viele einfache Kohlenhydrate in Form von Zucker ins Blut, wird der Organismus überfordert. Überschüssiger Zucker wird zur Leber transportiert und dort zu Fett umgewandelt. Die Folge kann Übergewicht durch verstärkte Fetteinlagerung sein. Auch das Risiko für Typ-2-Diabetes und Herz-Kreislauf-Erkrankungen nimmt zu.

Ballaststoffe sind kein Ballast

Ballaststoffe zählen zu den Kohlenhydraten. Der Körper kann sie aber – anders als Kohlenhydrate in Form von Zucker oder Stärke – nicht als Energielieferant nutzen. Dennoch sind sie alles andere als „Ballast". Sie sind gesund, schützen vor Krankheiten und unterstützen das Abnehmen. Ballaststoffe stammen überwiegend aus pflanzlichen Lebensmitteln wie Obst, Gemüse, Getreide, Hülsenfrüchten, Samen und Nüssen. Ihr Anteil an der Gesamternährung pro Tag sollte 30 Gramm betragen (siehe Tabelle Seite 164). Nudeln und Brot werden in der Vollkornvariante ebenfalls zu Ballaststofflieferanten. Mein Tipp: Ergänzen Sie Ihr Essen mit Hafer- oder Weizenkleie. Beides ist kalorienarm, macht aber sehr satt. In den Randschichten und im Keim sind reichlich Ballaststoffe gespeichert. Dazu sollten Sie viel trinken.

Abnehmen ohne Kalorienzählen

Anders verhalten sich die „guten" Kohlenhydrate, die auch als langsame oder komplexe Kohlenhydrate bezeichnet werden. Sie sind gesund und brauchen länger, um aus dem Magen-Darm-Trakt ins Blut überzugehen. Der Blutzuckerspiegel steigt dabei langsamer an, was besser und vor allem nachhaltiger sättigt und die Insulinausschüttung niedrig hält. Wir können uns nach einer Mahlzeit mit langsamen Kohlenhydraten leichter und länger konzentrieren, bleiben zufriedener und verlangen nicht so schnell nach dem nächsten Zuckerschub. Diese Kohlenhydrate sind am besten zum Abnehmen geeignet. Wenn es gelingt, sie sinnvoll in den täglichen Speiseplan einzubauen, kann man Übergewicht abbauen, ohne ständig auf die Kalorien achten zu müssen. Hochwertige Kohlenhydratquellen sind zum Beispiel Gemüse, Hülsenfrüchte, Haferflocken, Naturreis, Nüsse oder Vollkornbrot (siehe auch Kasten rechts).

Der glykämische Index

Bei der Auswahl der günstigen Kohlenhydrate müssen Sie den sogenannten glykämischen Index (GI) im Auge behalten. Mit dieser Zahl wird gemessen, wie schnell der Zucker aus kohlenhydratreichen Lebensmitteln freigesetzt wird. Ist der GI hoch, steigt der Blutzuckerspiegel schneller als bei einem niedrigen glykämischen Index. Also gilt es, Lebensmittel mit einem niedrigen GI zu bevorzugen und insgesamt auf Low Carb zu setzen. Eine große europäische Studie aus Kopenhagen (Diogenes-Studie) hat ergeben, dass die Erfolgsaussichten für Übergewichtige, nachhaltig abzunehmen, bei einer Ernährung mit ausreichend Proteinen und Lebensmitteln mit einem niedrigen glykämischen Index am größten sind. Mit dieser Ernährungsweise konnten Probanden ihr Zielgewicht nicht nur erreichen, sondern langfristig auch am besten halten. Ungünstig sind dabei GI-Werte über 70, günstig unter 50. Ein paar Beispiele zur Orientierung: Traubenzucker hat mit 100 einen hohen GI, weißer Reis hat 87 und Pommes frites 75. Möhren liegen mit 47 im unteren Bereich, ebenso Äpfel mit 38 und Linsen mit 30.

Auf einen Blick

Langsame komplexe Kohlenhydrate

- Obst (bei einer Stoffwechselstörung der Leber nur zu den Mahlzeiten)
- Gemüse und Kartoffeln
- Hülsenfrüchte (Linsen, Erbsen, Bohnen)
- Vollkornvarianten von Mehl, Reis, Nudeln und Brot

Schnelle, kurzkettige Kohlenhydrate

- Zucker
- Süßigkeiten
- weißer Reis
- Weißbrot, Kekse, Kuchen

▶ To do:

Bei den Kohlenhydraten gilt: Meiden Sie die einfachen und essen Sie komplexe Kohlenhydrate mit niedrigem glykämischem Index. Achten Sie auch auf genügend Ballaststoffe. Markieren Sie in Ihrem Ernährungstagebuch alle schlechten Kohlenhydrate mit einem Rotstift.

☺ Ich koche diese Woche dreimal Gerichte mit Erbsen, Linsen oder Vollkornprodukten und kaufe Vollkorn- statt Weiß- oder Mischbrot.

😐 Ich kaufe diese Woche kein Weißbrot und keine normalen Nudeln, sondern Vollkornbrot und Vollkornnudeln.

Tipp 6

Mit Zettel und Plan: richtig einkaufen, leichter schlank werden

Gesundes Essen beginnt beim Einkaufen mit Plan. Was kommt in den Wagen und wovor muss ich mich selbst schützen? Was kommt auf meinen Zettel? Wie sieht ein „gesunder" Kühlschrank aus? Hier gibt's die wichtigsten Tipps.

Einkaufen ist für die meisten Menschen eine lästige Pflicht, die möglichst schnell, preiswert, bequem und am besten ganz nebenbei erledigt werden muss. Also mit dem Auto und vielen großen Taschen zum Supermarkt fahren und einpacken, was die Regale links und rechts hergeben? Wahrscheinlich landet dann viel mehr im Einkaufskorb, als Sie eigentlich kaufen wollten – vor allem viel Ungesundes. Wer seine Ernährung umstellen will, muss das planlose Einkaufen einstellen. Das Motto „Mal sehen, worauf ich Lust habe" gilt nicht mehr. Stattdessen ist es wichtig, dass Sie sich genaue Pläne machen – einen für die ganze Woche und jeweils einen für jeden Einkauf.

Aufräumen und Abschied nehmen

Bevor Sie Ihre Einkaufsgewohnheiten umstellen, sollten Sie zu Hause klar Schiff machen. Räumen Sie Ihre Vorratsschränke aus und verbannen Sie alles, was Sie künftig nicht mehr regelmäßig essen wollen. Dazu gehören auch Fertiggerichte wie Tiefkühlpizza oder Tütensuppen. Ob Sie es verschenken oder aufessen, hängt davon ab, wie leicht Sie sich verführen lassen. Wenn Sie eine Tafel Schokolade in kleine Portionen aufteilen können, spricht nichts dagegen, sie zu behalten und hin und wieder ein Stück als Dessert zu naschen. Wenn Sie aber wissen, dass Sie nicht widerstehen können und Ihre guten Vorsätze nicht durchhalten, solange Schokolade in der Schublade ist, sollten Sie sich davon trennen.

Mit Zettel und Vorbereitung

Meiden Sie von jetzt an Spontankäufe. Selbst von Sonderangeboten, bei denen die Menge im Verhältnis zum Preis besonders groß ist, sollten Sie sich nicht verführen lassen. Denn was erst einmal im Haus ist (und vielleicht angeblich nur angeschafft wurde, falls mal Besuch kommt), das wird auch gegessen. Erledigen Sie Ihre Einkäufe nicht mehr auf die Schnelle nebenbei, sondern wählen Sie einen festen Zeitpunkt dafür und bereiten Sie sich gewissenhaft vor. Gehen Sie in Gedanken alle Tage und alle Mahlzeiten der Woche durch, an denen Sie sich versorgen müssen. Was soll wann auf den Tisch? Nehmen Sie sich für diese Aufgabe ruhig Zeit. Am besten vereinbaren Sie ein Date mit sich selbst, um in Ruhe einen Plan zu erstellen. Schreiben Sie jedes Lebensmittel möglichst mit Mengenangabe auf – und halten Sie sich an die Liste. Damit Sie sich nicht zu ungeplanten Großeinkäufen verleiten lassen, nehmen Sie keine unnötigen Taschen mit. Und nicht vergessen: Gehen Sie nie hungrig los. Trinken Sie vor jedem Einkauf ein großes Glas Wasser.

Weniger Reste, weniger Geld ausgeben

Wenn Sie nicht nur Frisches aus der Obst- und Gemüseabteilung kaufen wollen, halten Sie sich bei verarbeiteten Gerichten an die Regel: je weniger Zutaten, desto besser. Lesen Sie dafür die Zutatenliste auf der Verpackung. Orientieren Sie sich dabei an folgender Faustregel: Bei mehr als fünf Zutaten legen Sie das Produkt zurück. Das Einkaufen mit Plan hat auch noch Zusatzeffekte: Sie geben weniger Geld aus und werfen wahrscheinlich weniger Lebensmittel weg. Denn es gibt keine überflüssigen Reste mehr, wenn Sie passgenau nach Ihren Bedürfnissen einkaufen. Sie sollten auch für zwei oder mehrere Tage einkaufen und notfalls vorkochen. Wichtig ist, dass Sie sich wirklich an Ihren Einkaufszettel halten und nicht vor dem Süßigkeitenregal spontan umdisponieren und doch wieder Lager anlegen. Wer schreibt schon gerne Bonbons, Schokolade oder Gummibärchen auf seinen Einkaufszettel? Wenn Sie Frisches nicht im Supermarkt, sondern auf dem Wochenmarkt einkaufen, hat das zusätzliche positive Effekte:

DAS GEHÖRT IN DEN EINKAUFSWAGEN

- Ein Großteil des Einkaufswagens sollte mit frischem, möglichst regionalem und saisonalem Obst und Gemüse gefüllt sein.
- Fisch oder Fleisch können Sie direkt an der Theke oder tiefgekühlt kaufen.
- Bei Milchprodukten wählen Sie die ungezuckerte Variante – zum Beispiel Naturjoghurt statt Fruchtjoghurt. Quark (nicht als fertiger Früchtequark) oder Käse sind ebenfalls gute Milchprodukte.
- Beim Brot meiden Sie Weiß- und Mischbrot und wählen Sie die Vollkornvariante.
- Auch Reis und Nudeln sollten Sie in der Vollkornvariante kaufen.
- Hülsenfrüchte (Erbsen, Linsen, Bohnen) haben auch in der Dose einen gesundheitlichen Mehrwert.
- Bei den Pflanzenölen sind Olivenöl und Rapskernöl gesunde Allrounder.
- Für Müslis eignen sich Vollkornhaferflocken sehr gut. Auch Nüsse passen zum Müsli.
- Um die Abteilungen für Fertigkuchen, Kekse, Getränke (außer Wasser), Pudding, Fruchtjoghurt, gezuckerte Frühstücksflocken, Süßigkeiten, Eis und salzige Knabbereien in Form von Chips, Flips und Co. machen Sie einen großen Bogen.

Bauern aus der Umgebung bieten regionale und saisonale Produkte an, die besonders reich an Nährstoffen sind. Am Ende der Marktzeit werden sie oft auch günstiger angeboten.

Kühlschrank und Speisekammer gesund füllen
Nicht nur Ihr Kühlschrank, sondern auch andere Vorratslager müssen neu gefüllt werden. Fertiggerichte, Fast Food, Schokopudding, Fruchtjoghurt, zuckerhaltige Getränke, stark verarbeitete Saucen (Grillsaucen, Ketchup, Mayonnaise), fettreiche Wurst und Süßigkeiten werden durch Gemüse, Obst, Fisch, Geflügel und Milchprodukte (Naturjoghurt, Hüttenkäse, Magerquark) und Eier ersetzt. Alles, was sich nicht für den Kühlschrank oder zur offenen Lagerung eignet, kommt in eine möglichst dunkle Vorratskammer. Das Tiefkühlfach eignet sich für Lebensmittel, die sonst verderben würden. Zum Beispiel für gefrorenes Gemüse, Kräuter, Fisch, Beeren und andere Früchte.

▶ To do:

Achten Sie schon beim Einkaufen auf Ihre Gesundheit. Gehen Sie nicht ohne Einkaufszettel los und besorgen Sie nur das, was Sie in den nächsten Tagen wirklich essen wollen. Erstellen Sie sich dafür einen Wochenplan (ein Beispiel dafür finden Sie auf Seite 162).

☺ Gute Idee. Ich fange sofort an, erstelle einen Wochenessensplan und einen entsprechenden Einkaufszettel.

😐 Das wird nicht leicht. Aber ich werde diese Woche zweimal das Essen planen und einen gesunden Einkauf mit Liste machen.

Tipp 7

Unter Druck: Wenn Stress das Abnehmen verhindert

Schlank werden unter Dauerstress? Das funktioniert leider nicht. Denn die Hormone funken dazwischen. Das ist aber kein Grund, es nicht zu versuchen. Denn mit gezieltem Stressmanagement und guter Terminplanung kann man gegensteuern.

Wenn ein Steuerberater im Januar zu mir in die Praxis kommt, weil er Unterstützung beim Abnehmen sucht, rate ich ihm, mit seinem Vorhaben noch etwas zu warten. Denn der Jahresanfang ist in Steuerberatungskanzleien purer Stress, also kein guter Zeitpunkt für eine Ernährungsumstellung. Das gilt auch für andere Berufe. Suchen Sie sich zum Abnehmen eine Zeit, in der Sie nicht allzu stark unter Druck stehen. Denn Stress macht dick. Zeitmangel, hohe Ansprüche an die eigene Leistung, Anspannung und Angst verändern die Essgewohnheiten. In stressigen Phasen ist es deshalb besonders schwer, Diät zu halten.

Das Leben positiv sehen

Erfolgreich abnehmen beginnt im Kopf. Ob wir unter zu starkem Stress stehen, uns schlecht fühlen, Konflikte im Beruf oder Streit mit dem Partner haben – all das kann zu Frust- und Trostessen führen. Negative Emotionen wirken auf den Stoffwechsel. Das Denken beeinflusst das Handeln. Deshalb ist es wichtig, dass Sie mit positiven Gefühlen an Ihr Projekt herangehen. „Wie soll ich das denn schaffen?", werden Sie jetzt wahrscheinlich fragen. Mein Tipp zum Einstieg: Schreiben Sie jeden Tag drei positive Dinge auf, die Ihnen passiert oder gelungen sind. Das kann das Lächeln des Briefträgers genauso wie das Lob eines Kollegen sein. Aus meiner Praxis weiß ich, dass vielen Menschen am Anfang gar nichts einfällt. „Ich erlebe nichts Positives", heißt es dann. Doch sobald sie anfangen, sich positive Erlebnisse bewusst zu machen, indem sie sie aufschreiben, fühlen sie sich zufriedener. Manchmal fließen sogar Tränen vor Freude und Rührung.

Cortisol blockiert die Fettverbrennung

Das liegt vor allem am Stresshormon Cortisol, das den Körper in Alarmbereitschaft versetzt. Im Notfall stellt es in Sekundenschnelle Energie zur Verfügung. Vor Tausenden von Jahren war das sinnvoll; schließlich mussten alle Kräfte aufgeboten werden, wenn wilde Tiere die Höhlenmenschen bedrohten. Heute reagiert der Körper noch genauso, auch wenn die Bedrohung nur im Kopf stattfindet. Der Steinzeitmensch konnte den hohen Cortisolspiegel schnell wieder abbauen, indem er floh oder kämpfte. Diese Möglichkeit fehlt uns heute, wenn wir am Schreibtisch sitzen. Dann wird die Anspannung nicht in Bewegung umgesetzt und das Cortisol wendet sich gegen uns. Es führt zu Heißhungerattacken, blockiert die Fettverbrennung und stört die Verdauung.

Gesund essen und entspannen

Um aus diesem Teufelskreis auszubrechen, ist die Idee naheliegend, eine kurze, stark kalorienreduzierte Crash-Diät zu machen und das Abnehmen möglichst schnell hinter sich zu bringen. Doch das ist kein guter Plan! Essensentzug setzt Sie noch mehr unter Druck als andere Stressformen. Viel besser ist eine gute Selbstfürsorge – mit gesunder hochwertiger Ernährung und Entspannung im Alltag. Dafür gibt es verschiedene Möglichkeiten:

- Gönnen Sie sich Pausen. Gleichgültig was Sie tun, unterbrechen Sie es alle anderthalb Stunden und ruhen Sie sich ein paar Minuten aus.
- Essen Sie immer im Sitzen und ohne Ablenkung – also ohne Handy, ohne Buch, ohne

Zeitung und nicht in der Nähe des Computers. Konzentrieren Sie sich nur aufs Essen.

- Frische Luft und leichte Bewegung wirken entstressend. Machen Sie jeden Tag einen mindestens zehnminütigen Spaziergang nur zur Erholung. So viel Zeit hat jeder.

- Lernen Sie eine Entspannungstechnik. Ob autogenes Training, Meditation oder Yoga, es gibt verschiedene Möglichkeiten. Am besten besuchen Sie einen Kurs, bei dem Sie Übungen lernen, die Sie auch zu Hause anwenden können.

- Zum Entspannen zwischendurch eignen sich kurze Atemübungen. Dafür ziehen Sie sich zurück, schließen die Augen und atmen langsam durch die Nase ein und aus. Beim Ausatmen sprechen Sie in Gedanken ein Wort mit zwei Silben aus (z. B. RU-HE). Wiederholen Sie das ein paarmal.

Guter Schlaf macht schlank

Zu den wichtigsten Maßnahmen zählt außerdem guter Schlaf. Leider ist eine erholsame Nacht mit optimalen sieben oder acht Stunden Nachtruhe für kaum jemanden selbstverständlich. Die meisten Menschen liegen stundenlang wach, obwohl sie gerne schlafen würden, und sind am nächsten Morgen keineswegs erholt. Jeder dritte Deutsche wacht morgens gerädert auf. Zu den Hauptursachen gehört Stress im Beruf. Das hat auch einen Einfluss auf die Gesundheit und auf die Figur. Schlafmangel macht nicht nur krank, sondern auch dick. Denn der Cortisolspiegel bleibt bei Schlafstörungen auch nachts zu hoch. Der Körper kann daher bis zu 300 Kalorien pro Nacht nicht verbrennen und muss sie stattdessen bunkern.

Gesunder Schlaf hilft beim Abnehmen.

Schlafstörer nachts entfernen

Überlegen Sie, was Sie für einen erholsamen Schlaf tun können. Wenn Sie tagsüber gut für sich sorgen, wird der Schlaf oft ebenfalls besser. Halten Sie die Schlafzimmertemperatur niedrig. Verdunkeln Sie das Zimmer, wenn es draußen hell ist. Entfernen Sie elektronische Geräte, die Ihren Schlaf stören. Blicken Sie schon eine Stunde vor dem Zubettgehen nicht mehr aufs Smartphone. Sehr wirkungsvoll ist in vielen Fällen der Einsatz von Aromen (z. B. Lavendel- oder Zirbelkieferduft), die sich positiv auf das Nervensystem auswirken und den Stressabbau unterstützen.

▶ To do:

In der Familie, im Beruf, in der Freizeit – die meisten stehen ständig unter Erfolgsdruck. Um abzunehmen, müssen Sie Stress abbauen. Suchen Sie sich dafür eine der hier vorgestellten Maßnahmen.

🙂 Ich schreibe jeden Tag drei positive Dinge auf, lerne eine Entspannungstechnik oder besuche einen Kurs dafür.

😐 Ich mache jeden Tag eine Atemübung zur Entspannung. Für mehr muss ich mir erst mal Zeit freischaufeln, aber drei tolle Sachen notiere ich.

Tipp 8

Aufraffen ohne Ausreden: Bewegen Sie sich!

Keine Sorge, Sie müssen von nun an keinen Leistungssport treiben. Wenn Sie stattdessen mit kleinen Maßnahmen mehr Aktivitäten in Ihren Alltag bringen, haben Sie schon gewonnen – und das fast nebenbei.

Unser Körper ist für Bewegung gemacht. Die Menschen sind von Natur aus zum Laufen angelegt. Würden wir uns nicht bewegen, würden Muskeln, Organe und Knochen degenerieren. Leider besteht unser Alltag heute fast nur noch aus Sitzen – und das ist alles andere als artgerecht. Wir bewegen uns etwa 75 Prozent weniger als die Menschen vor 100 Jahren. Um gesund und in Form zu bleiben, ist kein aufwendiges Sportprogramm nötig. Die Weltgesundheitsorganisation WHO empfiehlt eine Stunde moderate Bewegung täglich. Dazu zählt bereits ein schneller Spaziergang. Mäßig, aber regelmäßig lautet die Devise. Nicht nur für die Gesundheit, auch fürs Abnehmen ist neben dem Ausdauertraining der Muskelaufbau wichtig. Denn Muskeln verbrauchen rund um die Uhr Kalorien – sogar während der Nacht, wenn wir schlafen.

Bewährte Motivationsbeschleuniger

Wahrscheinlich hören Sie dies nicht zum ersten Mal – doch trotz bester Vorsätze fehlt der Antrieb. Man nimmt sich vor, endlich mehr Sport zu treiben, aber sobald es losgehen soll, fällt einem garantiert eine Ausrede ein. Fast alle Patienten, die ich beim Abnehmen begleitet habe, konnten ein Lied davon singen. Diejenigen, die es trotzdem schafften, hatten ein paar Gemeinsamkeiten: Sie haben sich Motivationsbeschleuniger in Form von Gleichgesinnten (Sport in der Gruppe), Trainern oder Fitness-Apps geholt. Oder sie ließen sich von ganz praktischen Erwägungen („Zu Fuß gehen spart Benzin und schont die Umwelt") leiten.

Gleichgesinnte beflügeln

Sport in der Gruppe ist dabei federführend. Das hat aus psychologischer Sicht mehrere Gründe. Im Team zieht einer den anderen mit. Jeder strengt sich etwas mehr an, um nicht unangenehm aufzufallen. In der Sporthalle gibt es – anders als zu Hause – während des Trainings keinerlei Ablenkung. Wer da ist, macht auch bis zum Schluss mit. In der Gruppe zu trainieren, stärkt den Körper und die Seele. Denn der Mensch ist ein soziales Wesen und fühlt sich wohl, wenn andere um ihn herum sind. Man lernt neue Leute kennen, die zumindest in diesem Bereich dieselben Interessen haben. Das kann sehr beflügelnd sein.

Jeden Tag 10 000 Schritte

Mit jedem Schritt, den wir gehen, legen wir etwa 50 bis 70 Zentimeter zurück. Um auf mindestens 10 000 Schritte täglich zu kommen, müssen Sie also fünf Kilometer zu Fuß marschieren. Wie lässt sich das schaffen? Wenn Sie es nicht allzu weit zu Ihrem Arbeitsplatz haben, können Sie diese Strecke zu Fuß gehen bzw. sie bis zur nächsten oder übernächsten Bus- oder Bahnhaltestelle verlängern. Als Autofahrer parken Sie einfach ein bisschen weiter weg. Nutzen Sie auch die Mittagspause für einen Spaziergang und bewältigen Sie Treppen immer zu Fuß statt mit dem Fahrstuhl. Wenn tagsüber gar nichts geht, laufen Sie abends durch den Park oder auf dem Stepper, während Sie fernsehen. Sie können auch tanzen und sich dabei von Ihrer Lieblingsmusik tragen lassen.

Rehasport auf Rezept

Es ist wenig bekannt, dass die Krankenkassen Rehasport in einer Gruppe unterstützen. Suchen Sie im Internet nach Angeboten in Ihrer Nähe oder wenden Sie sich an Sportvereine, regionale Verbände und Rehasportzentren. Ihr Hausarzt kann Ihnen ein Rezept für Rehasport ausstellen.

Auch das ist Bewegung! Oder Sie probieren eine neue Trendsportart aus. Wie wäre es mit Soft-Boccia, also Boccia mit weichen Bällen? Das können Sie mit Kollegen in der Mittagspause, mit der Familie zwischendurch oder mit dem Partner beim Abendspaziergang spielen.

Fahrradfahren hält fit und gesund.

Radfahren für Figur und Umwelt

Radfahren gehört zu den Sportarten, die sich (neben dem Zu-Fuß-Gehen) am besten in den Alltag integrieren lassen. Sie tun sich damit in mehrfacher Hinsicht etwas Gutes, ohne ein Risiko einzugehen. Am besten ist es, wenn Sie Wege, die Sie ohnehin zurücklegen müssen, zukünftig auf dem Drahtesel absolvieren und das Auto stehen lassen. Ob das die Strecke zur Arbeit, zum Bäcker, zum Einkaufen, zum Kinderabholen und -bringen oder zum Sport ist – Sie haben fast jeden Tag die Möglichkeit, sich aufs Rad zu schwingen, müssen also nur davon Gebrauch machen. Wer in den Bergen wohnt, hatte bis vor ein paar Jahren noch eine gute Ausrede; im Zeitalter von E-Bikes hat diese aber ausgedient.

Fitness-Apps für den Einstieg

Sport- und Fitness-Apps sind im Trend. Das dürfte daran liegen, dass sie schnell Erfolgserlebnisse vermitteln. Denn bis man die Effekte des Sports auf der Waage oder an der Muskulatur sieht, vergeht so viel Zeit, dass viele mit dem Argument „Bringt ja doch nichts" wieder aufhören. Eine App applaudiert sofort mit Punkten, macht Komplimente und lobt. Ein weiterer Vorteil: Lässt man sich davon durchs Sportprogramm führen, kann man ein Stück Verantwortung abgeben und sich ganz auf die Übungen konzentrieren. Allerdings dienen Apps vor allem als Anschubhilfe. Langfristig bleibt man nur mit innerer Motivation dran.

Weniger Hunger und Anti-Aging pur

Das reicht Ihnen noch nicht als Motivation? Dann rufen Sie sich ein paar Dinge ins Gedächtnis – vor allem, wenn Sie sich dabei erwischen, dass Sie über mögliche Ausreden nachdenken. Bewegung macht nicht nur schlank, sondern hält jung, gesund und fit. Studien haben gezeigt, dass Menschen, die sich regelmäßig bewegen, motorisch gesehen zehn Jahre jünger sind. Und: Sie haben weniger Hunger, wenn Sie körperlich aktiv sind. Die Verdauung funktioniert besser. Muskeln schützen die Knochen und die Gelenke. Und nicht zu vergessen: Bewegung baut Stress ab und macht glücklich.

▶ To do:

Jeden Tag 10 000 Schritte sind Pflicht. Ob Sie zusätzlich zum Rehasport gehen, zweimal pro Woche eine Stunde Rad fahren, zu Hause Muskeltraining und Gymnastik absolvieren oder sich einer Walkinggruppe anschließen – suchen Sie sich mindestens eine Maßnahme aus.

☺ Ich will möglichst schnell Erfolge sehen, mache 10 000 Schritte, fahre Fahrrad und absolviere eine der genannten Maßnahmen.

😐 Ich habe jahrelang keinen Sport getrieben. Ich starte mit 5000 Schritten täglich. In den nächsten Wochen werde ich mich auf 10 000 Schritte pro Tag steigern.

Tipp 9

Gesunde Öle und Co.: keine Angst vor Fett

Um erfolgreich abzunehmen, ist es nicht nötig, dass Sie Fett von Ihrem Speiseplan streichen. Vielmehr kommt es auf die richtige Auswahl an. Statt ungesunder Transfette sind hochwertige Fette gefragt.

Jahrzehntelang galt Fettverzicht als bewährtes Mittel, um abzunehmen. Doch inzwischen hat ein Paradigmenwechsel stattgefunden. Denn die Praxis zeigte genau das Gegenteil: Aus Angst vor Fett griffen Übergewichtige zu Lightprodukten (Low Fat, No Fat), kauften fettarme Margarine, verzichteten auf Butter und aßen mehr Kohlenhydrate, um satt zu werden. Vor allem in Amerika, wo die Anti-Fett-Angebote am begehrtesten waren, wurden die Menschen durch Fettverzicht weder gesünder noch schlanker. In den USA sind billiges Fast Food und gezuckerte Limonaden fast überall erhältlich. Die meisten Amerikaner sitzen zu viel, fahren lange mit dem Auto und bewegen sich kaum. Herz-Kreislauf-Erkrankungen und Diabetes nahmen ebenso drastisch zu wie die Zahl der Übergewichtigen. Es ist also keine Lösung, einfach das Fett wegzulassen, um abzunehmen, denn eine fettfreie Ernährung macht vor allem heißhungrig auf Süßes. Heute gilt die Erkenntnis: Fett macht nicht fett, sondern fit – vorausgesetzt, es kommen gesunde Fette auf den Tisch.

Fett hat viele wichtige Funktionen

Es ist zwar richtig, dass zu viel Fett zu Übergewicht und Krankheiten wie Bluthochdruck oder Herzinfarkt führen kann, doch das ist kein Grund, es zu meiden. Denn Fett hat viele wichtige Funktionen in unserem Körper. Die wichtigste: Es dient als erstklassiger Energielieferant und ist ein wertvoller Geschmacksträger. Da es gut sättigt, schützt es vor Heißhungerattacken. Außerdem unterstützt Fett die Produktion von lebenswichtigen Hormonen. Es schützt wichtige innere Organe und isoliert die Wärme im Körper, damit wir nicht frieren. Eine weitere Funktion: Der Körper kann bestimmte Vitamine (A, D, E und K) nur in Kombination mit Fett aufnehmen.

Tierisches Fett in Maßen

Was sind eigentlich gesunde Fettsäuren? Grundsätzlich wird zwischen tierischem und pflanzlichem Fett unterschieden. Tierische Fette stecken vor allem in Fleisch, Wurst, Käse, Sahne, Eiern, Butter und anderen Milchprodukten. Dieses Fett ist weniger empfehlenswert als pflanzliches. Das liegt daran, dass es mehr sogenannte gesättigte Fettsäuren enthält. Sie müssen deshalb nicht komplett auf tierisches Fett verzichten. Doch es ist wichtig, dass Sie es nur in Maßen essen, denn es macht leichter dick, erhöht den Cholesterinspiegel und setzt sich in den Blutgefäßen ab, was auf die Dauer zu Arterienverkalkung führt.

Pflanzliches Fett ist gesünder

Auch pflanzliches Fett enthält Fettsäuren, die sich aber in ihrer Zusammensetzung von tierischem Fett unterscheiden. In pflanzlichen Fetten stecken weniger ungesunde gesättigte, dafür aber mehr

Hochwertige gesunde Fette finden Sie in folgenden Lebensmitteln:

- Oliven, Olivenöl (kalt gepresst)
- Walnussöl
- Leinöl
- fettreichen Seefischen (wie Lachs, Hering und Makrele)
- Avocados
- Nüssen (Mandeln, Walnüssen und Pistazienkernen)
- Chiasamen, Leinsamen

Tipp: Gesundes Öl sollte unter Ausschluss von Sauerstoff, Hitze und Licht hergestellt sein (im „Omega-Safe-Verfahren").

gesunde ungesättigte Fettsäuren. Eine Ausnahme ist dabei Palmöl mit gesättigten Fettsäuren, auf das Sie verzichten sollten. Was steckt dahinter? Einfach ungesättigte Fettsäuren haben einen positiven Einfluss auf den Cholesterinspiegel und helfen, fettlösliche Vitamine zu verwerten. Olivenöl, Avocados und Nüsse enthalten zum Beispiel diese Säuren. Noch besser sind aber mehrfach ungesättigte Fettsäuren aus fettreichen Seefischen. Wie viel Fett jemand braucht, ist individuell verschieden. Größe, Gewicht, Geschlecht, Körperbau und das Alter spielen dabei eine Rolle. Die tägliche Energieaufnahme sollte zu etwa 40 Prozent aus Fetten gedeckt werden.

Transfettsäuren möglichst meiden

Ein Grund für den schlechten Ruf des Fetts sind Transfettsäuren, auch Transfette genannt. Sie entstehen bei der industriellen Verarbeitung, wenn eigentlich gesunde pflanzliche Öle gehärtet werden. Das macht sie haltbar, hitzebeständig, leichter formbar – und ungesund. Nach Schätzungen der Weltgesundheitsorganisation WHO sind weltweit mehr als 500 000 Todesfälle pro Jahr auf den übermäßigen Verzehr von Transfetten zurückzuführen. Diese Fette stehen im Verdacht, verschiedene Zivilisationskrankheiten zu fördern, weil sie das Fettsäurenmuster in den Zellen und im Blut verändern, die Blutfettwerte erhöhen, die Gefäße schädigen, Herz-Kreislauf-Erkrankungen und Diabetes begünstigen.

Hinweis: „ohne gehärtete Fette"

Wenn sich jemand grundsätzlich gesund ernährt, können ihm Transfette in geringen Mengen nichts anhaben. Gefährlich wird es aber bei größeren Mengen. Da Transfettsäuren in der Regel versteckt daherkommen, ist es schwer herauszufinden, wie viel davon in welchen Nahrungsmitteln steckt. Als Verbraucher kann man auf der Verpackung nicht ablesen, wie hoch der Transfettanteil ist. Deshalb hilft nur eins: Meiden Sie Produkte, in denen Transfette stecken. Dazu gehören frittierte Kartoffelprodukte (Chips), Croissants, salzige Knabbereien, Pommes frites, Kekse, Popcorn, Cornflakes, Fast Food und Fertiggerichte. Transfette sind ein guter Grund mehr, das Essen selbst zuzubereiten: Wer selbst kocht und backt und dabei auf die Qualität des Fetts achtet, ist garantiert auf der sicheren Seite. Beim Einkauf ist es hilfreich, auf den Hinweis „ohne gehärtete Fette" zu achten.

Welches Fett für welche Temperatur?

Scharf anbraten sollten Sie nur mit hitzebeständigen Ölen und Fetten (z. B. Rapskernöl). Für schonendes Anbraten von Gemüse, Fisch und Eiergerichten eignen sich Oliven- und Rapskernöl am besten – auch in der kalt gepressten Version, solange dabei 180 °C nicht erreicht werden.

▶ To do:

Sie müssen Fett nicht grundsätzlich meiden. Durchforsten Sie Ihre Küche. Bringen Sie möglichst oft die oben genannten Lebensmittel mit hochwertigen Fettsäuren auf den Tisch. Essen Sie mehr pflanzliche als tierische Fette. Um „Fett-Sünden" schnell aufzuspüren, markieren Sie in Ihrem Ernährungsprotokoll alle Transfette orange.

☺ Ich trenne mich von sämtlichen Lebensmitteln, die Transfette enthalten, und nutze nur noch die aufgeführten Pflanzenöle.

😐 So schnell bin ich nicht. Ich brauche erst einmal alles auf, was ich in meinem Haushalt finde, und dann kaufe ich nur noch gesunde Fette.

Tipp 10

Vorsicht, Getränke: flüssige Dickmacher

Das Tückische an Getränken mit Geschmack besteht darin, dass sie nicht satt, aber dick machen, ohne dass es uns bewusst ist. Erfahren Sie hier, wie Sie genug Flüssigkeit ohne Kalorien zu sich nehmen.

Die meisten Menschen nehmen kaum wahr, was sie alles schlucken, wenn es um Getränke geht – zum Beispiel bei einem Glas Limo. Es schmeckt, wirkt erfrischend und vermittelt das Gefühl „Ist ja nur etwas zu trinken. Das rutscht so durch". So kann sich leicht ein Plus von mehr als 1000 Kalorien täglich ergeben. Ob Cola oder Limonaden: 100 Milliliter (das ist weniger als ein halbes Glas) enthalten reichlich Zucker und je nach Sorte bis zu 50 Kalorien. Apfelsaft kommt auf 40 und auch die vermeintlich gesunde Bionade Holunder schafft 21 Kalorien. Ein Glas enthält in der Regel 250 Milliliter. Das heißt, dass zum Essen noch einmal 100 bis 200 Kalorien unbemerkt dazukommen. Ein weiterer Nachteil: Softdrinks enthalten häufig Phosphat. Das verändert das Mikrobiom, denn man füttert damit schlechte Darmbakterien.

Süße Säfte blockieren die Fettverbrennung

Auch andere Getränke sind flüssige Dickmacher. Eine Tasse Milchkaffee hat 70 Kalorien, jeder Löffel Zucker liefert noch 25 Kalorien obendrauf. Dreimal Latte macchiato am Tag entsprechen schon einem Stück Kuchen. Bei angeblich gesunden Fruchtsäften ist ebenfalls Vorsicht geboten. Sie werden mit ihren Vitaminen zwar als regelrechte Fitmacher beworben, enthalten aber teilweise noch mehr Kalorien als Limonade und Co. Ein Liter Multivitaminsaft kann es schon mit einer halben Pizza aufnehmen, macht aber nicht satt. Hinzu kommt, dass zuckerhaltige Getränke den Insulinspiegel schneller nach oben treiben können als kohlenhydrathaltige Mahlzeiten. Das führt dazu, dass der Körper die Fettverbrennung blockiert, solange er mit dem Zuckerabbau beschäftigt ist. Auch Diät-Limonaden, die Süßstoff statt Zucker enthalten, sind keine gute Alternative. Studien haben gezeigt, dass sie das Demenzrisiko und die Schlaganfallgefahr erhöhen können.

Fruchtzucker ist nicht immer gesund

Häufig sitzen wir bei Fruchtsäften einem Irrtum auf. Nämlich dem Glauben, dass Fruchtzucker immer gesund sei, weil er aus Früchten kommt. Selbst wenn Fruchtsäfte kein Industriezucker zugesetzt wird, enthalten sie von Natur aus Fruchtzucker (Fruktose). Bei zu viel Fruktose ist die Leber, die den Fruchtzucker verarbeitet, überfordert und produziert mehr Fettsäuren, die als Fett eingelagert werden oder in den Blutkreislauf gelangen.

Wasser mit Aroma

Sie gehören zu denen, die sagen: „Ich mag einfach kein Wasser"? Dann sollten Sie es mit der aufgepeppten Variante probieren: Ein Schuss Zitronensaft, ein paar Blätter Minze, Gurkenscheiben oder ein Stück Ingwer geben der puren Flüssigkeit Geschmack. Sie können auch Himbeeren mit Zitrone mehrere Stunden im Wasser ziehen lassen, um es etwas aufzupimpen. Mineralwasser lässt sich ebenfalls aromatisieren. Außerdem hilft es, verschiedene Sorten zu probieren, denn es gibt deutliche geschmackliche Unterschiede. Der Abschied von Fruchtsäften und Co. fällt vielen leichter, wenn sie ihn in kleinen Schritten absolvieren. Füllen Sie Ihre Saftgläser in der ersten Woche der Umstellung zur Hälfte mit Wasser auf, in der zweiten zu zwei Dritteln. In der dritten Woche geben Sie nur noch einen Schuss Saft ins Wasserglas. In der vierten trinken Sie das Wasser pur. Das Gleiche gilt übrigens auch für Kaffee: Wenn Sie ihn nur mit Zucker mögen, reduzieren Sie die Süße schrittweise.

Zu den Folgen gehört neben Leberverfettung, Bluthochdruck, Herz-Kreislauf-Erkrankungen und Diabetes Typ 2 auch Übergewicht. Ähnlich wie Zucker in Getränken bremst Fruktose in hohen Mengen die Ausschüttung des Hormons Leptin, das dem Körper Sättigung signalisiert.

Alkohol macht hungrig

Bier, Wein und andere alkoholische Getränke liefern ebenfalls viel Energie, ohne satt zu machen. Im Gegenteil: Sie führen regelrecht zu Hunger, indem sie die Magensäure anregen und die Nierentätigkeit fördern. Das bedeutet Salzverlust, der dann mit salzhaltigem Essen in Form von Knabbereien oder besonders deftigen Kombinationen aus Fett und Kohlenhydraten (z. B. Schnitzel mit Kartoffelsalat) wieder ausgeglichen wird. Das Salz wiederum macht durstig. Das nächste Glas Bier ist schnell auf dem Tisch. Meiden Sie Alkohol zum Essen, da der Körper dann erst den Alkohol und danach die Nahrung verarbeitet. Halten Sie regelmäßig alkoholfreie Phasen durch (etwa von Montag bis Freitag) und trinken Sie auch am Wochenende nur in Maßen alkoholische Getränke.

Wasser und ungesüßte Tees

Wer es gewohnt ist, seinen Durst mit süßen Getränken zu löschen, muss sich umgewöhnen. Das erscheint anfangs vielleicht schwierig, doch es ist machbar, indem Sie Gewohnheiten verändern. Betrachten Sie süße Säfte und Co. nicht länger als notwendige Flüssigkeitszufuhr, sondern als Süßigkeiten, die es nur in Ausnahmefällen und zum bewussten Genießen gibt. Als Durstlöscher und für die ganz normale Versorgung mit Flüssigkeit sind sie tabu. Perfekte Getränke gegen den Durst sind Wasser und ungesüßter Kräuter- oder Früchtetee, die keine Kalorien haben. Davon sollten Sie täglich 30 Milliliter pro Kilogramm Körpergewicht trinken. Wenn Sie körperlich schwer arbeiten oder Sport treiben, ruhig mehr. Auch Kaffee in Maßen (ohne Milch und Zucker) trägt dazu bei, den Flüssigkeitsbedarf zu decken.

Der perfekte Durstlöscher: aromatisiertes Wasser.

▶ To do:

Ob Limonade oder Fruchtsaft – verzichten Sie süße Getränke als tägliche Durstlöscher. Trinken Sie stattdessen Wasser oder ungesüßten Tee. Alkohol in geringen Mengen sollte die Ausnahme bleiben.

☺ Ich trinke noch meine Reste aus und lege dann los. Ein Glas Wein oder Bier genehmige ich mir nur noch am Wochenende.

😐 Ich mag kein Wasser und keinen Kaffee ohne Zucker. Aber ich fange an, meine Getränke mit Wasser zu verdünnen und den Zucker im Kaffee zu reduzieren. In vier Wochen trinke ich nur noch zuckerfreie Getränke und kleine Mengen Alkohol nur noch am Wochenende.

Tipp 11

Mal etwas Neues wagen: raus aus der Gewohnheitsfalle

Wer abnehmen will, muss Gewohnheiten verändern. Das passiert nicht von heute auf morgen, sondern ist ein längerer Prozess. Am besten gelingt es, wenn Sie zusätzlich auch die Rahmenbedingungen etwas verändern.

Ob schädlich oder nützlich – Gewohnheiten bestimmen unser Leben. Etwa die Hälfte aller Abläufe wiederholen sich regelmäßig. Das ist durchaus sinnvoll, denn es spart Zeit und Energie. Doch leider kann das Gehirn nicht zwischen guten und schlechten Gewohnheiten unterscheiden. Es arbeitet ökonomisch und neigt dazu, möglichst vieles immer wieder auf die gleiche Weise zu erledigen. Wenn das gelingt, schüttet es Botenstoffe zur Belohnung aus – und wir machen weiter mit dem, was sich offenbar bewährt hat. Essgewohnheiten entwickeln sich in vielen Jahren oder Jahrzehnten. Sie sind mehr als nur Nahrungsaufnahme und haben sich bewährt – zumindest eine Zeit lang. Wir können uns auf sie verlassen und damit Stimmungen regulieren. Unsere Gewohnheiten sind treue Begleiter, die uns eine gewisse Sicherheit geben und die wir nicht verlieren möchten. Die Vorstellung, darauf verzichten zu müssen, macht Angst. Gestehen Sie sich das ruhig ein. Trotzdem können Sie es schaffen, Sie müssen jedoch Geduld haben. Denn um Gewohnheiten tatsächlich zu verändern und langfristig davon zu profitieren, brauchen Sie einen längeren Atem als einen guten Vorsatz zu Silvester. Es kann sechs Monate oder mehr dauern, schlechte Angewohnheiten loszuwerden.

Im Urlaub wird es leichter

Aus der Psychologie ist bekannt, dass Veränderungen am besten gelingen, wenn wir unerwünschte Verhaltensmuster erkennen, damit aufhören und stattdessen etwas anderes tun. Wir verändern uns leichter, wenn die Rahmenbedingungen es vorgeben, indem sie ebenfalls anders werden. Das kennen Sie vielleicht aus dem Urlaub. Gelingt es im Alltagstrubel zum Beispiel nicht, auf Süßigkeiten zu verzichten, so fällt es im Urlaub relativ leicht. „Hier ist sowieso alles anders – und hier fühle ich mich wohl", lautet dann die Begründung. Damit sind bereits zwei wichtige Kriterien für erfolgreiche Veränderungen erfüllt. Der Kontext ist ein anderer geworden (neuer Tagesablauf, neue Umgebung) und die Stimmung ist positiv. Eine solche Hilfe von außen kann Wunder wirken. Zum Glück müssen wir nicht auf das Schicksal, einen Jobwechsel oder den nächsten Urlaub warten, um die Kulissen unseres Lebens zu verändern.

Mit kleinen Schritten beginnen

Statt alte Gewohnheiten abzulegen, etablieren Sie neue. Beginnen Sie mit kleinen Veränderungen, indem Sie zum Beispiel Ihr Essen stärker wertschätzen, so, wie es in Italien oder Frankreich gemacht wird. Räumen Sie mindestens einer Mahlzeit einen höheren Stellenwert ein, als Sie es bislang tun. Das fängt schon beim Kochen an: Erledigen Sie das nicht hastig nebenbei, sondern mit voller Aufmerksamkeit ohne Ablenkungen. Decken Sie den Tisch mit schönem Geschirr. Sorgen Sie für gemütliches Licht. Vielleicht zünden Sie eine Kerze an? Das fördert die Wertschätzung.

Weitere Gewohnheiten verändern

Nutzen Sie die Zeit Ihrer Ernährungsumstellung, um auch in anderen Bereichen etwas zu verändern. Das erleichtert es, sich anders zu verhalten. Zum Beispiel:

- Gehen Sie auf dem Weg zur Arbeit durch andere Straßen.
- Essen Sie in einem anderen Raum Ihrer Wohnung.
- Tun Sie etwas, das Sie sonst nie tun würden.
- Probieren Sie ein Essen, das Sie nicht kennen.

Lieblingsmusik statt Pudding

Das Essverhalten, das Sie sich wünschen, muss mit kleinen Anreizen versehen werden, die Sie über die ersten Hürden bringen; danach sollte es eine Belohnung geben. Ein Beispiel: Für viele Menschen besteht eine richtige Mahlzeit aus einem Hauptgang und einem süßen Nachtisch: weil es schmeckt, dazugehört oder weil es immer so war. Den Vanillepudding einfach streichen? Das erscheint erst einmal unmöglich. Also versuchen Sie die Erwartung, dass nach dem Essen noch etwas Erfreuliches kommen muss, mit etwas anderem zu füllen. Holen Sie sich statt Süßigkeiten einen Kaffee, den Sie sehr langsam und genussvoll trinken. Steigern Sie die positiven Gefühle, indem Sie Ihr Lieblingslied dazu hören. Oder machen Sie nach dem Essen andere kleine Dinge, die Ihnen Freude bereiten. Das kann auch eine Entspannungsübung oder ein Spaziergang sein. Sie können den Weiter-Ess-Impuls auch schwächen, indem Sie Ihre Gefühle aufschreiben.

Schlechte Erfahrungen vergessen

Damit Sie Erfolg haben, müssen Veränderungen mit positiven Erlebnissen assoziiert sein, die nicht in ferner Zukunft liegen, sondern sofort eintreten. Bestenfalls sind neue Gewohnheiten so schön, dass Sie bald danach verlangen, als wäre es ein süßer Nachschlag. Ferne Ziele („Irgendwann bin ich schlank") sind weniger attraktiv als naheliegende („Gleich belohne ich mich mit Musik"). Ist die neue Gewohnheit etabliert, werden Sie die alte nicht mehr vermissen. Und wenn es nicht klappt? Dann versuchen Sie es noch einmal. Anfängliches Scheitern ist kein Grund zur Beunruhigung oder gar zum Aufgeben. Schließlich dauert es immer eine Zeit, bis sich neue Gewohnheiten eingeschliffen haben. Blicken Sie nicht auf frustrierende vergebliche Versuche zurück, sondern nur nach vorn – wie der Erfinder der Glühbirne, Thomas Alva Edison, der bei seinen Versuchen anfangs häufig scheiterte. Darauf angesprochen, antwortete er: „Ich habe nicht versagt. Ich habe 999 Wege gefunden, wie man die Glühbirne nicht erfindet."

Essen Sie rot

Welche Farben kommen auf den Teller? Diese Frage ist aus psychologischen Gründen wichtig. Denn der Anblick unserer Gerichte entscheidet auch über unser Wohlbefinden beim Essen. Instinktiv mögen wir rote Nahrungsmittel. Ob Erdbeeren, Tomaten, Cranberrys, Granatapfel, Rote Bete oder Radieschen – die Farbe deutet nicht nur auf einen hohen Gehalt an Lycopin hin, sondern wirkt auch wärmend und anregend. Ergänzen Sie Ihr Essen für die Psyche möglichst oft mit roten Nahrungsmitteln.

▶ To do:

Welche schlechten Gewohnheiten wollen Sie loswerden? Sind es die Chips vorm Fernseher? Der süße Nachtisch? Das Trostessen bei Kummer oder unter Stress? Machen Sie eine Liste und überlegen Sie sich, wie Sie diese Gewohnheit ersetzen könnten. Fangen Sie mit der leichtesten Aufgabe an.

☺ Ich nehme mir gleich zwei Gewohnheiten in einer Woche vor. Außerdem gehe ich zweimal einen anderen Weg zur Arbeit.

😐 Ich werde erst einmal eine schlechte Gewohnheit ablegen und ein Essen probieren, das ich nicht kenne.

Tipp 12

Feiern und Reisen: der Umgang mit Ausnahmen

Zu Hause läuft es schon ganz gut, doch dann kommt es zu Ausnahmesituationen. Damit Restaurantbesuche, Familienfeiern oder Reisen die gesunden Vorsätze nicht durchkreuzen, finden Sie hier ein paar Überlebenstricks außerhalb der eigenen Küche.

Für die meisten ist Essengehen eine schöne Ausnahme. Da soll es sich dann auch lohnen. Nach dem Motto „Wenn ich schon dafür bezahle, dann muss auch viel und Deftiges her“. Verabschieden Sie sich von dieser Einstellung. Denn Auswärtsessen muss Sie nicht aus Ihrem Abnehm-Konzept bringen, wenn Sie sich an ein paar Regeln halten. Statt auf leckere Kombinationen aus Fett und Kohlenhydraten (Wiener Schnitzel mit Pommes) zu schielen, bestellen Sie lieber einen Salat mit einem Dressing aus Essig und Öl (keine Fertigsaucen) in der kleinen Variante als Vorspeise, in der größeren als Hauptgericht. Damit Sie satt werden, sollte auch Proteinreiches darin enthalten sein. Putenbruststreifen, Käse oder Eier sind die Klassiker. Verzichten Sie auf die Brotbeilage – die ist der Dickmacher!

Viel Gemüse auf den Teller

Wer Wert auf Vorspeisen legt, ist mit einer klaren Gemüsesuppe oder einem Salat gut bedient. Ansonsten starten Sie mit dem Hauptgericht. Achten Sie darauf, dass der Teller mindestens zur Hälfte mit Gemüse gefüllt ist. Dazu passen Fisch, Fleisch, Pilze, Eier oder Sojaprodukte. Auf Sättigungsbeilagen wie Reis, Nudeln oder Kartoffeln können Sie verzichten, wenn Eiweißhaltiges dabei ist.

Unterwegs auf Reisen

Länger unterwegs zu sein und sich trotzdem gesund zu ernähren, ist die größte Herausforderung. Die Ausrede „Unterwegs gibt's doch nur Fast Food“ gilt für Sie nicht mehr. Planen Sie Ihre Reisen entsprechend. Nehmen Sie unverarbeitete Nüsse, Obst oder Vollkornbrot mit – oder kaufen Sie es unterwegs. Manche Bäckereien bieten Vollkornbrot mit Salat, Käse und Tomaten. Im Supermarkt gibt es Obst, das sich unterwegs gut schneiden lässt, ohne zu tropfen. Und wenn es schnell gehen muss, darf's ausnahmsweise auch mal ein Würstchen mit Senf sein (ohne ein pappiges Weißbrot dazu). Das Gleiche gilt für einen Döner (ohne Brötchen). Essen Sie im gleichen Rhythmus wie zu Hause und nicht to go. Suchen Sie sich auch auf Reisen einen Platz zum Hinsetzen. Dass wir im Zug oder im Auto häufig Hunger bekommen, ist meist Gewohnheit. Wenn Sie reflexartig zu Keksen oder Croissants greifen, überlegen Sie: „Würde ich das sonst zu diesem Zeitpunkt auch essen?“ Die Antwortet lautet meistens: Nein.

▶ To do:

Um auch beim Essen außer Haus Erfolg zu haben, müssen Sie ein paar Gewohnheiten verändern. Womit wollen Sie anfangen?

🙂 Das hört sich gut an. Statt Pizza bestelle ich beim nächsten Restaurantbesuch ein Gemüsegericht. Auf Reisen nehme ich Nüsse und Obst mit.

😐 Pizza oder Pasta – das gehört für mich beim Essengehen dazu. Aber ich lasse das Weißbrot liegen und verzichte auf Desserts. Statt mir am Bahnhof Kuchen zu kaufen, nehme ich ab jetzt einen Apfel mit.

Tipp 13

Plötzlich Appetit: schnelle Hilfe gegen Heißhunger

Heißhunger kann die besten Vorsätze kaputt machen. Wenn er kommt, fällt es schwer, nicht zuzugreifen. Vorbeugen und ablenken sind bewährte Strategien dagegen. Manchmal hilft auch ein kleiner Nachtisch.

Wahrscheinlich kennen Sie dieses Phänomen nur zu gut. Obwohl man eigentlich satt sein müsste, meldet sich plötzlich Appetit auf süße oder besonders salzige Lebensmittel. Hat man einmal mit dem Schoko- oder Chipsessen angefangen, kann man schlecht wieder aufhören. Die Gedanken kreisen nur noch um die Schokolade oder um den Rest der Chipstüte. Es ist dann nicht der Hunger, der zu solch einer Essattacke führt, sondern der Blutzuckerspiegel. Wenn der schnell abfällt, entsteht Heißhunger. Der Körper verlangt sofort nach neuer Energie – und zwar aus neuem Zucker.

Zu den Mahlzeiten richtig satt essen

Glücklicherweise lässt sich dieser Kreislauf unterbrechen, indem Sie rechtzeitig mit cleveren Strategien vorsorgen. Dazu gehören folgende Punkte:

- Beobachten Sie sich selbst, wenn eine Heißhungerattacke kommt. Ist es wirklich Hunger? Oder haben Sie vielleicht nicht genug getrunken?
- Essen Sie sich zu den Hauptmahlzeiten richtig satt. Am besten geht das mit proteinreichen Lebensmitteln (siehe Tabelle Seite 164).
- Geben Sie den komplexen Kohlenhydraten immer den Vorrang (siehe Seite 16).
- Decken Sie bei einer Mahlzeit alle sechs Geschmacksrichtungen (süß, salzig, sauer, bitter, fettig und umami) gut ab. Erlauben Sie sich auch ruhig einen kleinen Nachtisch, um Ihr Süßbedürfnis zu stillen.
- Seien Sie nicht zu streng mit sich und geben Sie dem Heißhunger auch mal nach. Trinken Sie erst ein Glas Wasser und essen Sie einen Apfel, dann kommt das Heißbegehrte.

Soforthilfe mit einer Lieblingsdinge-Liste

Machen Sie sich in Situationen, in denen Sie keinen Hunger haben, klar, dass ein plötzliches Bedürfnis auch schnell wieder verschwinden kann, ohne dass Sie etwas essen müssen. Das gelingt, wenn Sie die kritischen Momente erkennen und sich genau zu diesem Zeitpunkt ablenken. Überlegen Sie dafür vorher, was Sie Schönes und Befriedigendes tun könnten, und schreiben Sie es auf (siehe auch Seite 28). Mit einer kleinen Lieblingsdinge-Liste haben Sie sofort Erste-Hilfe-Maßnahmen zur Hand.

▶ To do:

Heißhungerattacken dürfen Ihnen nicht länger einen Strich durch die Rechnung machen. Decken Sie bei den Hauptmahlzeiten alle sechs Geschmacksrichtungen ab.

☺ Ich achte darauf, dass ich bei den Hauptmahlzeiten satt werde. Außerdem erstelle ich mir eine Lieblingsdinge-Liste und wende Sie an, sobald sich Heißhunger meldet.

😐 Ich achte darauf, dass ich bei den Hauptmahlzeiten satt werde und bremse meinen Heißhunger erst einmal mit einem Glas Wasser und einem Apfel, bevor ich nasche.

Tipp 14

So machen Sie Ihren Darm zum Abnehmhelfer

Wussten Sie, dass die Vielfalt Ihrer Darmbakterien einen Einfluss auf Ihr Gewicht hat? Diese relativ neuen Erkenntnisse sollte jeder beim Abnehmen nutzen. Gute Bakterien machen nicht nur schlank, sondern auch gesund. Das Ziel muss eine gute Verdauung sein.

Auf die Vielfalt kommt es an. Je mehr verschiedene Bakterien sich im Darm tummeln, desto besser ist es für den Menschen. Zwar hat jeder eine höchst unterschiedliche Zusammensetzung, doch alle Mikrobiome (das ist der Fachbegriff für die Zusammensetzung der „Darmflora" aus der Gesamtheit aller Bakterien) haben eines gemeinsam: Sie mögen es abwechslungsreich. Ist das gewährleistet, dankt der Organismus das mit Gesundheit und verbesserter Leistungsfähigkeit. Ein gut zusammengesetztes Mikrobiom unterstützt das Immunsystem und die Verdauung. Es produziert wichtige Vitamine (z. B. B-Vitamine) und wertvolle Nährstoffe und und macht dadurch auch schlank. Die wissenschaftlichen Belege dafür sind recht neu, das Wissen an sich aber sehr alt, denn es wurde schon im vierten Jahrhundert in der chinesischen Medizin angewendet.

Geringere Vielfalt, höheres Gewicht

Mit allem, was wir essen, können wir unser Mikrobiom beeinflussen – zum Guten und zum Schlechten. In Versuchen mit Mäusen und Menschen konnten US-amerikanische Forscher der Washington-Universität in St. Louis belegen, wie stark das Gewicht vom Mikrobiom abhängt. Dafür verglichen Sie die Bakterienvielfalt von schlanken und übergewichtigen Tieren und Menschen. Beide legten an Gewicht zu, sobald sich die Bakterienvielfalt verringerte.

10 Prozent mehr Kalorien

Bei den menschlichen Probanden zeigte sich, dass bei stark übergewichtigen Versuchsteilnehmern zwei Bakterienstämme (die sogenannten Bacteroidetes und Firmicutes) in Schieflage gerieten. Nimmt die Zahl der Firmicutes demnach um 20 Prozent Überhand, hat dies zur Folge, dass 10 Prozent mehr Kalorien in den Körper geschleust werden. Nimmt man weiter zu, verringert sich die Bakterienvielfalt im Verdauungstrakt. Das erklärt möglicherweise auch, warum manche Menschen schon das Gefühl haben, beim Anblick eines Stücks Torte zuzunehmen, während andere essen können, was sie wollen, ohne ein Pfund mehr auf die Waage zu bringen.

Der Darm mag Pro- und Präbiotika

Um das Mikrobiom über die Ernährung fit zu halten, lautet die beste Strategie: Essen Sie vielfältig und achten Sie auf Prä- und Probiotika. Was hat es damit auf sich? Die Mischung aus beiden hat einen großen Vorteil: Während das meiste, was wir essen, bereits im Dünndarm verarbeitet wird, gelangen Präbiotika – eine Untergruppe der Ballaststoffe – fast unverdaut in den Dickdarm und „füttern" die nützlichen Bakterien, die sich dort angesiedelt haben. Probiotika enthalten wertvolle lebende Bakterien, die im Dickdarm willkommen sind. Sie können dort geschwächte Mini-Organismen stärken oder ersetzen.

Sauerkraut, Kefir, Chicorée

Um die Artenvielfalt im Darm zu erhöhen, bieten sich Probiotika vor allem in Form von fermentierten Lebensmitteln an. Dazu gehören unter anderem Sauerkraut, Kefir, Brottrunk, die japanische Gewürzpaste Miso, Apfelessig, Käse (Parmesan), Kimchi (ein durch Fermentieren hergestelltes koreanisches Nationalgericht aus Chinakohl). Präbiotika finden sich in Gemüse wie Chicorée, Artischocken, Knoblauch oder Zwiebeln. Auch Hafer, Hülsenfrüchte, Topinambur, Pastinaken, Spargel, Nüsse, Flohsamen und Vollkornprodukte stärken die guten Bakterien. Eine besondere Rolle spielen Kartoffeln und Reis. Werden sie erst gekocht, dann zum Abkühlen stehen gelassen und zum Beispiel in Kartoffel- oder Reissalat verarbei-

TIPPS FÜR EIN GESUNDES MIKROBIOM

- Süßstoffe stehen im Ruf, das Mikrobiom zu seinem Nachteil zu verändern und deshalb eher dick als dünn zu machen. Auch Softdrinks light gehören dazu (siehe Seite 26).
- Zu viel Salz reduziert die Anzahl bestimmter Milchsäurebakterien. Meiden Sie also unnötiges Salzen und verarbeitete Lebensmittel, die sehr salzhaltig sind.
- Verzichten Sie auf Emulgatoren, die zu Insulinresistenzen und Übergewicht führen können. Dabei handelt es sich um Stoffe, die vor allem Fertigprodukte wie Saucen, Backwaren oder Eiscreme haltbar machen bzw. die Konsistenz verändern. Dazu gehören beispielsweise Lecithine, Mono- und Diglyceride von Speisefettsäuren, E466 und E433. Lesen Sie die Zutatenlisten!
- Meiden Sie Gelier- und Verdickungsmittel (z. B. E400 bis 407, Xanthan, E415 oder modifizierte Stärken), denn die ermöglichen es unerwünschten Bakterien, in die Körperzellen einzudringen. Das kann entzündliche Darmerkrankungen und Übergewicht fördern.
- Der zunehmende Gebrauch von Antibiotika wird neuen Studien zufolge mit Übergewicht in Zusammenhang gebracht, da Antibiotika das Bakteriengleichgewicht zugunsten der Dickmacher verschieben.
- Reichlich Ballaststoffe (siehe Seite 16) stimulieren die Darmtätigkeit und wirken auf diese Weise gegen Übergewicht.
- Meiden Sie einseitige Ernährungsformen und Diäten. Setzen Sie stattdessen immer auf eine ausgewogene Mischkost.
- Kochen Sie selbst und frisch. Als Faustregel gilt: Je mehr Gemüse und Ballaststoffe aus Vollkornprodukten und Hülsenfrüchten Sie essen, desto besser fürs Mikrobiom. Auch bei Nudeln und Co. ist die Vollkornvariante die bessere Wahl.

tet, entsteht resistente Stärke, eine Art Superfood fürs Mikrobiom. Wichtig ist, dass Sie Pro- und Präbiotika regelmäßig über die Nahrung und nur in Ausnahmefällen hoch konzentriert als Kapsel oder Pulver zu sich nehmen. Hersteller von Lebensmitteln versetzen manchmal Fruchtsäfte, Joghurt, Wurst- oder Backwaren mit Präbiotika, um ihnen einen gesunden Anstrich zu verpassen. Verlassen Sie sich nicht darauf – natürliche Lebensmittel liefern genug.

▶ To do:

Geben Sie Ihrem Darm das beste „Futter" für die schlanke Linie. Stellen Sie Ihren Speiseplan so zusammen, dass regelmäßig Prä- und Probiotika dabei sind.

☺ Ich hefte mir die Liste an den Kühlschrank und achte darauf, dass jeden Tag etwas Gutes für mein Mikrobiom auf den Tisch kommt.

😐 Jeden Tag? Das ist mir (noch) zu viel, aber ich mache es jeden zweiten Tag.

Tipp 15

Krafttraining zu Hause: Bauen Sie Muskeln auf!

Muskeltraining ist nicht nur etwas für Bodybuilder. Wer überflüssiges Gewicht verlieren und fitter werden will, sollte sich mit Krafttraining in Form bringen. Das hat gleich mehrere Vorteile.

Muskeltraining? Da denken Männer in erster Linie an Sixpack oder Bizeps und Frauen haben Bedenken. Sie befürchten, dadurch zu- statt abzunehmen. Das ist allerdings ein Trugschluss. Zwar kann es tatsächlich sein, dass man mit starken Muskeln kurzfristig etwas mehr auf die Waage bringt, danach klappt das Abnehmen aber viel besser. Denn Muskeln sind erstklassige Energiefresser, und das sogar im Ruhezustand. Mit Muskeltraining können Sie schneller Kalorien verbrennen als mit Ausdauersport. Muskeln vergrößern den Grundumsatz und verringern den Körperfettgehalt. Betrachten Sie Ihre „Muckis" als Brennofen des Körpers. Das Gute daran: Sie können Ihre Kraft in jedem Alter trainieren. Auch gegen Rückenschmerzen ist ein starkes Muskelkorsett hilfreich. Bereits nach vier Wochen Training zeigen sich Verbesserungen.

Einfache Aufbauübungen

Sie müssen dafür nicht ins Fitness-Studio oder in einen Sportverein gehen. Fangen Sie mit leichten Übungen und ohne teure Geräte zu Hause an. Dazu gehören Kniebeugen für die Beine, klassische Liegestütze (am Anfang auf den Knien) für die Arme, Sit-ups für die Bauchmuskulatur und der Ganzkörperstütz („Plank", also den Körper auf den Unterarmen und den Zehen hochdrücken und in der Luft halten) für den gesamten Körper. Probieren Sie aus, wie viel Sie schaffen, und fordern Sie von Woche zu Woche mehr von sich. Wenn Sie fünf Kniebeugen schaffen, üben Sie das in der ersten Woche zwei- bis dreimal. In der zweiten Wochen absolvieren Sie dann sieben Kniebeugen, in der dritten neun. Den Plank halten Sie, so lange Sie können. Stoppen Sie dabei die Zeit und verlängern Sie allmählich die Haltezeit. So klappt der Muskelaufbau erstaunlich schnell.

Gefährliches Bauchfett

Ein normales Gewicht allein ist nicht unbedingt ein Zeichen für eine gute Gesundheit. Denn dabei wird der Muskel- und Fettanteil nicht unterschieden. So kann man normalgewichtig sein, aber trotzdem zu viel sogenanntes viszerales Bauchfett haben, das durch Bewegungsmangel und schlechte Ernährung entsteht. Das kann dramatische Folgen haben, denn Bauchfett produziert Botenstoffe, die Entzündungen im Körper befeuern und so Diabetes, Herz-Kreislauf-Erkrankungen und Krebs fördern können. Dagegen helfen: gesunde Ernährung und Muskeltraining.

▶ To do:

Mit Muskelaufbautraining tun Sie Ihrem Körper etwas Gutes und erleichtern sich dabei das Abnehmen. Starten Sie auf Ihrem aktuellen Niveau und steigern Sie sich regelmäßig.

☺ Ich mache diese Woche dreimal Kniebeugen, Sit-ups und Planks. Danach steigere ich mich.

😐 Ich probiere das diese Woche einmal aus und setze es nächste Woche zweimal auf meinen Plan. Danach steigere ich mich.

Tipp 16

Ausnahmen erlaubt: Schummel-Mahlzeiten am Wochenende

Von Montag bis Freitag gesund essen, am Wochenende Ausflüge ins alte Verhalten machen und auf den Tisch bringen, worauf man Lust hat: Das Prinzip der sogenannten Schummel-Tage hat sich in der Praxis beim Abnehmen bewährt, ist aber mit Vorsicht zu genießen.

Sportler nennen ihn „Ladetag", andere sprechen einfach vom Fresstag. Damit sind die sogenannten Cheat Days oder Cheat Meals (englisch für Schummel-Tage oder -Mahlzeiten) gemeint, mit denen immer mehr Menschen sich das Wochenende versüßen. Prominente machen es vor und posten sich auf sozialen Medien beim Burger-Mampfen. Das heißt: Sie essen am Samstag oder Sonntag alles, was sie sonst meiden – vor allem Kohlenhydrate und zuckerhaltige Produkte, angeblich als Maßnahme zum Abnehmen. Auch Sportler schwören darauf, einmal in der Woche über die Stränge zu schlagen. Was steckt dahinter?

Ernährungswissenschaftlich umstritten

Die Befürworter der Cheat Days argumentieren damit, dass das Überessen den Stoffwechsel anregt und den Körper dazu bringt, mehr Kalorien zu verbrauchen. Diese Theorie ist aus Sicht der Ernährungswissenschaft allerdings umstritten, vor allem in Anbetracht der großen Mengen. Süßigkeiten im Übermaß erhöhen die Diabetesgefahr und machen Effekte zunichte, die man sich unter der Woche mühsam erarbeitet hat. Völlegefühle und Magenschmerzen haben nichts mit Genuss zu tun. Lassen Sie es nicht so weit kommen.

Als Psychotrick durchaus effektiv

Bei aller Kritik ist der psychologische Effekt allerdings für viele sehr hilfreich. Wer sechs Tage lang konsequent nach den Regeln einer gesunden Ernährung isst, hält besser durch, wenn die Vorfreude auf eine Schlemmermahlzeit ihn beflügelt. Hinzu kommt: Der Reiz des Verbotenen und die übermäßige Lust darauf gehen verloren, wenn das Verbot aufgehoben wird. Studien belegen, dass die Lust auf Cheat Days von allein nachlässt, sobald man den Gelüsten ein paarmal nachgegeben hat. Auch im Alltag verringert sich dann das Verlangen nach Junkfood und Schokolade. Erlauben Sie sich also ruhig mal ein Cheat Meal.

Schlemmermahlzeit zelebrieren

Kehren Sie am Wochenende ruhig mal in Ihr altes Essverhalten zurück. Gönnen Sie sich eine Schlemmermahlzeit. Planen Sie das fest ein. Zelebrieren Sie diese Ausflüge wie ein König. Doch überessen Sie sich nicht, nur weil Wochenende ist.

▶ To do:

Ein leckerer Schmaus am Wochenende kann das Abnehmen unterstützen. Denn er wirkt auf psychologischer Ebene und stärkt das Durchhaltevermögen. Sie sollten es nur nicht übertreiben.

☺ Super! Das schaffe ich bestimmt. Ich esse am Wochenende eine Lieblingsmahlzeit in vernünftigem Maß und meine Lieblingssüßigkeit zum Nachtisch.

😐 Nichts leichter als das. Ich gönne mir einen ganzen Tag mit allem, worauf ich Lust habe, ohne meine Sättigungsgrenze zu überschreiten.

Tipp 17

Keine Ausreden mehr: Machen Sie Schluss mit dem ewigen Aufschieben!

Unangenehmes schieben wir gerne vor uns her. Das ist beim Abnehmen und Sporttreiben nicht anders als bei der Steuererklärung. Trotzdem gibt es eine gute Nachricht: Prioritäten setzen kann man lernen.

Morgen, morgen, nur nicht heute. Das kennt wohl jeder: Vor einem liegt eine schwierige Aufgabe, die Überwindung kostet und mit der wir nicht unbedingt heute anfangen müssen. Natürlich können wir vernünftig sein und in kleinen Schritten loslegen, um rechtzeitig am Ziel zu sein. Doch das schafft kaum jemand. Wir Menschen ziehen kurzfristige sichere Erfolge einem langfristigen und unsicheren Resultat vor. Dahinter steckt nicht unbedingt Faulheit. Bis zu einem gewissen Grad ist das Verschieben ganz normal und kann mit ein paar Tricks überwunden werden.

Das Abschiednehmen nicht versüßen

Bei der Umstellung der Ernährung ist die Prokrastination (so der Fachausdruck fürs Aufschieben) besonders ärgerlich. Denn typische sogenannte Übersprungshandlungen, mit denen wir verschieben, unterbrechen und ablenken, verzögern nicht nur den Weg zum Ziel, sondern werfen uns auch zurück. Das liegt daran, dass wir uns das Abschiednehmen von schlechten Gewohnheiten gerne versüßen. Dann heißt es: Heute noch mal richtig schlemmen und ab morgen mache ich Diät. So kommt noch mal eine Extraportion Energie aufs Kalorienkonto, die ohne diesen Vorsatz gar nicht auf dem Programm stünde. Solche „Henkersmahlzeiten" müssen Sie unbedingt vermeiden. Denn morgen wird es Ihnen nicht anders gehen und Sie sind weiter vom Ziel entfernt als gestern. Beim Abnehmen kommt eine weitere Hürde hinzu: Es gibt keinen Abgabetermin. Den müssen Sie sich selbst setzen – und zwar in den nächsten Tagen. Damit Sie kein Opfer des ewigen Verschiebens werden, ist ein Plan von wesentlicher Bedeutung. Stellen Sie sich dafür vier wichtige Fragen:

- Seit wann ist Ihr Gewicht ein Problem für Sie? Je länger Sie mit überflüssigen Pfunden zu kämpfen haben, desto wichtiger ist es, dass Sie Ihr Ziel nicht zu hoch schrauben. Nehmen Sie sich nicht vor, in drei Wochen wieder so auszusehen wie vor zehn Jahren. Ein Kilo im Monat ist ein gutes Ziel.
- Was motiviert Sie? Ihre Gesundheit? Der Wunsch, fitter zu werden oder besser auszusehen? Geben Sie Ihrem wichtigsten Ziel die höchste Prioritätsstufe. Überlegen Sie, wann der beste Startzeitpunkt ist – zum Beispiel in einer Zeit mit wenig Stress.
- Welche Auswirkungen hat Ihr Gewicht ganz konkret auf Ihr Wohlbefinden? Erstellen Sie eine Liste mit negativen und positiven Effekten.
- Womit würden Sie anfangen? Machen Sie sich einen Plan, jetzt, da Sie alle Tipps gelesen haben. Überlegen Sie, welche Aufgaben gut machbar sind. Nehmen Sie sich diese als Erstes vor (siehe Seite 38).

Mit der SMART-Methode ans Ziel

Checken Sie Ihre guten Vorsätze nach der sogenannten SMART-Methode, bevor Sie sie in Ihren Plan aufnehmen. Dabei handelt es sich um eine strategische Vorgehensweise, um Vorsätze zu definieren und einzuhalten. Das heißt: Ziele müssen **S**pezifisch-**M**essbar-**A**ttraktiv-**R**ealistisch-**T**erminiert sein. Was bedeutet das fürs Abnehmen? Mit **spezifisch** ist gemeint, dass Sie Ihr Ziel so genau wie möglich definieren. Also nicht „Ich will mich mehr bewegen", sondern „Ich mache täglich 10000 Schritte". Die **Messbarkeit** ist ebenfalls wichtig – am besten sind handfeste Zahlen. Also auch hier gilt: statt „mehr Bewegung" eine genaue Zahl oder die Dauer einer Übung (zehn Sit-ups

SO KONTERN SIE IHRE AUSREDEN

- **„Sport macht mir keinen Spaß":** Wenn Sie das längerfristig so empfinden, haben Sie wahrscheinlich die falsche Sportart gewählt. Überlegen Sie, was Ihnen mehr Freude bereiten würde.

- **„Ich habe keine Zeit":** Das ist der Klassiker unter den Ausreden. Es heißt aber nicht, dass Sie tatsächlich keine Zeit haben, sondern dass Sie nicht bereit sind, sich diese zu nehmen. Jeder kann zum Beispiel eine halbe Stunde früher aufstehen, um sich zu bewegen. Wenn das nicht klappt, trainieren Sie lieber zu festen Zeiten im Sportverein als allein zu Hause.

- **„Mir kommt immer etwas dazwischen":** Dieser Satz fällt meist, wenn wir zu etwas keine Lust haben. Machen Sie sich selbst Druck. Setzen Sie sich Fristen. Schreiben Sie Ihr Vorhaben auf. Und nehmen Sie Ihre eigenen Vorsätze dabei wichtig. Denken Sie daran, dass Sie sich hinterher schlechter fühlen, wenn Sie sich ablenken lassen.

- **„Ich muss das perfekt machen":** Zu hohe Ansprüche verstärken die Aufschieberitis. Machen Sie sich klar, dass Fehltritte zwischendurch nicht so schlimm sind wie Aufschieben. Es spricht also nichts dagegen, endlich loszulegen. Hauptsache, Sie tun überhaupt etwas.

- **„Ich schaffe das ja doch nicht":** Wenn Ihnen Ihr Ziel zu fern und zu groß erscheint, zerlegen Sie es in Einzelschritte (so wie in diesem Buch). Setzen Sie sich kein Gesamtziel, sondern einzelne Etappenziele, die so klein sind, dass Sie jeden Tag einen Erfolg verbuchen können.

oder 30 Minuten walken) festlegen. Um ein Ziel **attraktiv** zu machen, ist Ihre Fantasie gefragt. In diesem Buch geht es mehrmals darum zu erkennen, was Ihnen guttut. Greifen Sie darauf zurück und setzen Sie sich Ihre Ziele so, dass Sie sich selbst belohnen, wenn Sie einen Schritt geschafft haben („Ich höre mein Lieblingslied, wenn ich auf einen süßen Snack verzichtet habe"). Planen Sie **realistisch,** also nur Ziele setzen, die machbar sind (nicht „Ich hungere den ganzen Tag", sondern „Ich lasse Snacks weg"). Nehmen Sie sich nichts ohne feste **Termine** vor (statt „Ich stelle meine Ernährung um, wenn ich mal mehr Zeit habe" lieber „Ich fange in drei Tagen an"). Wenn Sie sich trotzdem bei Ausreden erwischen, rufen Sie sich Gegenargumente ins Gedächtnis.

▶ To do:

Je höher die Hürden, desto stärker neigen wir dazu, unsere guten Vorsätze aufzuschieben. Erkennen und entlarven Sie Ausreden und checken Sie Ihre guten Vorsätze nach der SMART-Methode. Nutzen Sie dazu die entsprechende Vorlage im beiliegenden Arbeitsbuch.

☺ Ich beantworte die vier Fragen, checke meine Vorsätze und lasse diese Woche keine Ausrede mehr durchgehen.

😐 Ich beantworte die vier Fragen, checke meine Vorsätze und verbiete mir diese Woche die Ausrede, die ich am häufigsten nutze.

Das Anti-Ausreden-Abnehm-Konzept

Abnehmen ist ein großartiges Projekt, wenn Sie mit klaren Regeln in kleinen Schritten Erfolge feiern können. Gleichgültig in welcher Reihenfolge Sie vorgehen: Wenn Sie am Ende alles beherzigen, haben Sie es geschafft und kennen alle Regeln einer gesunden und schlank machenden Ernährung.

Mein persönliches Programm

Hier sehen Sie alle 17 Aufgaben auf einen Blick. Sie müssen die einzelnen Schritte nicht in der vorgegebenen Reihenfolge umsetzen. Schreiben Sie Ihre Priorisierung in die erste Spalte. Beginnen Sie mit dem Ernährungstagebuch und Tipp 17. Danach können Sie frei wählen, was Sie wann machen. In der ersten Woche beherzigen Sie diese beiden Tipps (1 und 17). Für jede weitere Woche nehmen Sie sich jeweils eine neue Aufgabe vor. Bei den Maßnahmen, bei denen Sie erst einmal die leichtere Variante 😐 gewählt haben, wechseln Sie spätestens ab der neunten Woche in die schwerere Stufe 🙂. Jede Maßnahme, die Sie umsetzen, wird natürlich nach Ablauf der Testwoche weitergemacht, sodass am Ende die wichtigsten Grundlagen für eine langfristige Ernährungsumstellung gelegt sind. Dann müssen Sie nur noch dranbleiben – ohne Ausreden!

Prio	Thema
1	**Ernährungstagebuch (Seite 10)** Oft sind es Kleinigkeiten, die die Kalorienbilanz verderben. Notieren Sie deshalb in einem Ernährungstagebuch alles, was Sie essen.
☐	**Gemüse (Seite 11)** Machen Sie Gemüse zum festen Bestandteil Ihrer täglichen Ernährung. Kommen Sie auf drei Portionen (Handvoll) Gemüse am Tag?
☐	**Esspausen (Seite 12)** Verzichten Sie auf Snacks und essen Sie zwischen den Mahlzeiten vier bis fünf Stunden nichts. Überlegen Sie sich vorher, wie Sie sich ablenken, wenn Sie die Lust auf Snacks überkommt.
☐	**Eiweiß (Seite 14)** Achten Sie darauf, dass Sie insbesondere zu Ihren Hauptmahlzeiten reichlich Eiweiß essen. Im Rezeptteil sind besonders eiweißreiche Rezepte mit ● gekennzeichnet.
☐	**Kohlenhydrate (Seite 16)** Meiden Sie einfache und essen Sie komplexe Kohlenhydrate. Achten Sie auch auf genügend Ballaststoffe.
☐	**Einkaufen (Seite 18)** Erstellen Sie einen Wochenplan und gehen Sie nicht mehr ohne Einkaufszettel los. Kaufen Sie nur, was Sie wirklich essen wollen.
☐	**Stress (Seite 20)** Um abzunehmen, müssen Sie Stress abbauen. Suchen Sie sich dafür eine der vorgestellten Maßnahmen.
☐	**Bewegung (Seite 22)** Jeden Tag 10 000 Schritte sind Pflicht. Zweimal pro Woche eine Stunde Rad fahren, zu Hause trainieren oder sich einer Walkinggruppe anschließen: Suchen Sie sich eine Maßnahme aus.

	Ambitionierte Maßnahme		Softe Maßnahme
✓	Ich fülle sieben Tage lang das Ernährungstagebuch zu diesem Buch aus.	○	Aufschreiben ist mir zu umständlich, aber ich will gerne wissen, was ich esse. Ich fotografiere drei Tage lang jeden Happen mit dem Handy.
○	Ich bereite diese Woche fünf Mahlzeiten mit Gemüse zu.	○	Ich starte mit dem Gesundheits-Samstag und koche dabei für zwei Tage Gemüse vor.
○	Ich werde diese Woche von Montag bis Freitag nichts außerhalb der Mahlzeiten essen und an einem Tag Intervallfasten ausprobieren.	○	Ich brauche vormittags einen kleinen Kick, dafür lasse ich den Snack am Nachmittag von Montag bis Freitag weg und esse an einem Wochentag 16 Stunden gar nichts.
○	Ich achte auf mindestens eine eiweißhaltige Zutat bei jeder Mahlzeit.	○	Ich möchte mich langsam daran gewöhnen und esse von jetzt an jeden zweiten Tag eine eiweißreiche Mahlzeit.
○	Ich koche diese Woche dreimal Gerichte mit Erbsen, Linsen oder Vollkornprodukten und kaufe Vollkorn- statt Weiß- oder Mischbrot.	○	Ich fange klein an und kaufe diese Woche kein Weißbrot und keine normalen Nudeln, sondern Vollkornnudeln und Vollkornbrot.
○	Gute Idee. Ich fange sofort an, erstelle einen Wochenessensplan und einen oder zwei Einkaufszettel.	○	Das wird nicht leicht. Aber ich werde diese Woche zweimal das Essen planen und einen Einkauf mit Liste machen.
○	Ich schreibe jeden Tag drei positive Dinge auf, lerne eine Entspannungstechnik oder besuche einen Kurs dafür.	○	Ich mache jeden Tag eine Atemübung zur Entspannung. Für mehr muss ich mir erst mal Zeit freischaufeln, aber drei tolle Sachen notiere ich.
○	Ich will schnell Erfolge sehen, mache 10 000 Schritte, fahre Fahrrad und absolviere eine der genannten Maßnahmen.	○	Ich habe jahrelang keinen Sport getrieben. Ich starte mit 5000 Schritten täglich. In den nächsten Wochen werde ich mich auf 10 000 Schritte steigern.

Prio	Thema
☐	**Fett (Seite 24)** Durchforsten Sie Ihre Küche. Bringen Sie möglichst oft Lebensmittel mit guten Fetten auf den Tisch. Essen Sie mehr pflanzliche als tierische Fette.
☐	**Getränke (Seite 26)** Verzichten Sie auf süße Getränke als tägliche Durstlöscher. Trinken Sie stattdessen Wasser oder ungesüßten Tee. Alkohol in geringen Mengen bleibt die Ausnahme.
☐	**Gewohnheiten (Seite 28)** Machen Sie eine Liste und überlegen Sie sich, wie Sie die schlechten Gewohnheiten ersetzen könnten. Fangen Sie mit der leichtesten Aufgabe an.
☐	**Ausnahmen (Seite 30)** Um auch beim Essen außer Haus einen Abnehmerfolg zu haben, müssen Sie ein paar Gewohnheiten verändern.
☐	**Heißhunger (Seite 31)** Heißhungerattacken dürfen Ihnen nicht länger einen Strich durch die Rechnung machen.
☐	**Mikrobiom (Seite 32)** Stellen Sie Ihren Speiseplan so zusammen, dass regelmäßig Prä- und Probiotika dabei sind.
☐	**Muskelaufbau (Seite 34)** Mit Muskelaufbautraining tun Sie Ihrem Körper etwas Gutes und erleichtern sich dabei das Abnehmen. Starten Sie auf Ihrem aktuellen Niveau und steigern Sie sich regelmäßig.
☐	**Altes Verhalten (Seite 35)** Ein leckerer Schmaus am Wochenende kann das Abnehmen unterstützen. Denn er wirkt auf psychologischer Ebene und stärkt das Durchhaltevermögen. Aber: nicht übertreiben!
2	**Ausreden (Seite 36)** Erkennen und entlarven Sie Ausreden und checken Sie Ihre guten Vorsätze nach der SMART-Methode.

Ambitionierte Maßnahme	Softe Maßnahme
○ Ich trenne mich von sämtlichen Lebensmitteln, die Transfette enthalten, und nutze nur noch gute Pflanzenöle.	○ So schnell bin ich nicht. Ich brauche erst einmal alles auf, was ich in meinem Haushalt finde, und dann kaufe ich nur noch gesunde Fette.
○ Ich trinke noch meine Reste aus und lege dann los. Ein Glas Wein oder Bier genehmige ich mir nur noch am Wochenende.	○ Ich fange an, meine Getränke mit Wasser zu verdünnen und den Zucker im Kaffee zu reduzieren. Bald trinke ich nur noch zuckerfreie Getränke, und Alkohol gibt es nur am Wochenende.
○ Ich nehme mir gleich zwei Gewohnheiten in einer Woche vor. Außerdem gehe ich zweimal einen anderen Weg zur Arbeit.	○ Ich werde erst einmal eine schlechte Gewohnheit ablegen und ein Essen probieren, das ich nicht kenne.
○ Statt Pizza bestelle ich beim nächsten Restaurantbesuch ein Gemüsegericht. Auf Reisen nehme ich Nüsse und Obst mit.	○ Pizza oder Pasta gehören für mich beim Essengehen dazu. Aber ich verzichte auf Desserts und Weißbrot. Statt mir unterwegs Süßes zu kaufen, nehme ich von jetzt an einen Apfel mit.
○ Ich achte darauf, dass ich bei den Hauptmahlzeiten satt werde. Außerdem erstelle ich mir eine Lieblingsdinge-Liste und wende Sie an, sobald sich Heißhunger meldet.	○ Ich achte darauf, dass ich bei den Hauptmahlzeiten satt werde, und bremse meinen Heißhunger erst einmal mit einem Glas Wasser und einem Apfel, bevor ich nasche.
○ Ich achte darauf, dass jeden Tag etwas Gutes für mein Mikrobiom auf den Tisch kommt.	○ Jeden Tag? Das ist mir (noch) zu viel, aber ich mache es jeden zweiten Tag.
○ Ich mache diese Woche dreimal Kniebeugen, Sit-ups und Planks. Danach steigere ich mich.	○ Ich probiere das diese Woche einmal aus und setze es nächste Woche zweimal auf meinen Plan. Danach steigere ich mich.
○ Das schaffe ich bestimmt. Ich esse am Wochenende eine Lieblingsmahlzeit in vernünftigem Maß und meine Lieblingssüßigkeit zum Nachtisch.	○ Nichts leichter als das. Ich gönne mir einen ganzen Tag mit allem, worauf ich Lust habe, ohne meine Sättigungsgrenze zu überschreiten.
✓ Ich beantworte die vier Fragen auf Seite 36, checke meine Vorsätze und lasse diese Woche keine Ausrede mehr durchgehen.	○ Ich beantworte die vier Fragen, checke meine Vorsätze und verbiete mir diese Woche die Ausrede, die ich am häufigsten nutze.

Frühstück

Kohlenhydrate helfen morgens, über Nacht geleerte Energiespeicher wieder aufzufüllen. Deshalb kommen hier „gute Carbs" auf die Teller und in die Schüsseln: ob Vollkornbrot, kernige Flocken oder Müsli. Dazu gibt es Obst und Gemüse sowie reichlich Eiweiß aus Milch und Milchprodukten, magerem Schinken, Käse und Ei. So fährt der Blutzuckerspiegel nicht schon in der Früh Achterbahn ...

Erdbeer-Papaya-Quark mit Leinsamen

So macht Frühstück gute Laune! Dieser Fitmacher-Quark liefert Eiweißpower satt und sorgt mit frischem Obst und Leinsamen für einen Kickstart in den Tag.

Für 2 Personen
Zubereitungszeit: 15 Minuten

2 EL Mandelblättchen
½ Papaya (ca. 300 g)
1 TL abgeriebene Bio-Limettenschale
1 EL Limettensaft
250 g Magerquark
2 EL Leinöl
200 g Erdbeeren
2 EL geschroteter Leinsamen

Nährwerte pro Portion:
ca. 370 kcal, 23 g EW, 20 g F,
19 g KH, 7 g BST

+ Die Mandelblättchen in einer Pfanne ohne Fett bei mittlerer Hitze hell rösten. Herausnehmen und abkühlen lassen.

+ Die Papaya mit einem Löffel entkernen und schälen. Das Fruchtfleisch in kleine Würfel schneiden und etwa zwei Drittel davon in einen hohen Rührbecher geben. Limettenschale und -saft hinzufügen und alles mit dem Stabmixer fein pürieren. Die übrigen Papayawürfel beiseitestellen.

+ Den Quark und das Papayapüree in einer Schüssel gründlich verrühren, zuletzt das Leinöl unterrühren. Den Papayaquark auf Schalen verteilen. Die Erdbeeren waschen, putzen und je nach Größe halbieren oder vierteln.

+ Zum Servieren die Erdbeeren und die beiseitegestellten Papayawürfel auf dem Quark anrichten. Mit den Mandelblättchen und dem Leinsamenschrot bestreuen.

Vitaminreiche Proteinbombe

Magerquark enthält viel Eiweiß (etwa 13,5 Gramm pro 100 Gramm), ohne kalorienreich oder besonders fett zu sein. Das Milchprotein ist leichter verwertbar als Pflanzeneiweiß und wirkt wie ein natürlicher Appetitzügler: Es sättigt stärker als die gleiche Energiemenge Kohlenhydrate oder Fett, weil es im Magen gründlich vorverdaut werden muss. Zudem senkt das Milchprotein die Konzentration des Appetithormons Ghrelin. Die Kombination Magerquark und Leinöl ist ideal, weil die im Quark enthaltenen Aminosäuren die Aufnahme der wertvollen Omega-3-Fettsäuren, die das Öl liefert, verbessern.

Warme Chia-Bowl mit Beeren

Löffeln Sie sich warm und satt! Das Gel aus Chiasamen und Gewürzmilch liefert jede Menge Ballaststoffe und Eiweiß. Beeren und Kakao-Nibs sind ein vitaminreiches Topping.

Für 2 Personen
Zubereitungszeit: 20 Minuten

400 ml Milch (3,5 % Fett; ersatzweise ungesüßter Haferdrink)
1 TL Zimtpulver
1 Msp. gemahlener Kardamom
4 EL Chiasamen
2 EL getrocknete Cranberrys (ohne Zuckerzusatz)
2 EL Walnusskerne
2 EL glutenfreie kernige Haferflocken
80 g Himbeeren
80 g Blaubeeren
1 TL Kakao-Nibs

Nährwerte pro Portion:
ca. 420 kcal, 15 g EW, 23 g F, 29 g KH, 15 g BST

+ Die Milch mit Zimt und Kardamompulver in einem kleinen Topf verrühren und bei mittlerer Hitze aufkochen. Den Topf vom Herd nehmen und Chiasamen und Cranberrys mit einem Schneebesen einrühren. Alles unter Rühren nochmals aufkochen, danach den Topf vom Herd nehmen und die Chiasamen zugedeckt etwa 10 Minuten quellen lassen.

+ Inzwischen die Walnüsse grob hacken und mit den Haferflocken in einer Pfanne ohne Fett bei mittlerer Hitze hell rösten. Herausnehmen und abkühlen lassen. Die Himbeeren und Blaubeeren verlesen, waschen und trocken tupfen.

+ Zum Servieren den Chiapudding nochmals kräftig durchrühren und auf Schalen verteilen. Die Flocken-Nuss-Mischung und die Beeren daraufgeben. Mit den Kakao-Nibs bestreuen.

Kleine Kraftpakete mit großer Wirkung

Chiasamen können das Neunfache ihres Eigengewichts an Flüssigkeit binden. Dadurch quellen sie zu einer geleeartigen Masse auf, die im Magen reichlich Volumen beansprucht und zu einer nachhaltigen Sättigung führt. Das „Chiagel" verlangsamt zudem die Verdauung von Kohlenhydraten, Eiweiß und Fetten – so wird der Körper lang anhaltend mit Energie versorgt. Auf diese Weise kann man die Zeit bis zum Mittagessen leichter ohne Snacks überstehen – eine der Grundvoraussetzungen für erfolgreiches Abnehmen.

Avocadojoghurt mit Grapefruit und Nüssen

Avocado, Grapefruit, Walnüsse – hier gibt es gesunde Fitmacher gleich im Dreierpack. Mit wenig Kohlenhydraten und vielen Vitalstoffen kurbeln sie die Fettverbrennung an.

Für 2 Personen
Zubereitungszeit: 20 Minuten

20 g Walnusskerne
2 TL flüssiger Honig
1 große rosa Grapefruit
1 reife Avocado
200 g griech. Joghurt (5 % Fett)
2 EL geschroteter Goldleinsamen

Nährwerte pro Portion:
ca. 360 kcal, 7 g EW, 26 g F, 18 g KH, 7 g BST

+ Die Nüsse grob hacken und in einer Pfanne ohne Fett bei mittlerer Hitze hell rösten. Den Honig dazugeben und alles sofort mit einem Holzlöffel verrühren. Auf ein Stück Backpapier geben und abkühlen lassen.

+ Inzwischen die Grapefruit so großzügig schälen, dass auch die weiße Haut mit entfernt wird. Die Filets zwischen den einzelnen Trennhäuten herausschneiden, den austretenden Saft auffangen und den Rest der Grapefruit gut ausdrücken.

+ Die Avocado längs halbieren, entkernen, das Fruchtfleisch mit einem Löffel aus der Schale lösen. Eine Hälfte quer in Scheiben schneiden und sofort mit 1 EL Grapefruitsaft beträufeln, damit sich die Avocado nicht bräunlich verfärbt.

+ Die andere Hälfte mit 2 EL Grapefruitsaft in einem hohen Rührbecher mit dem Stabmixer glatt pürieren. Den Joghurt und die Goldleinsamen unterrühren.

+ Zum Servieren den Avocadojoghurt mit den Grapefruitfilets und Avocadoscheiben auf Teller verteilen. Den Nuss-Crunch, falls nötig, in kleine Stücke hacken und darüberstreuen.

Zitrusfrischer Appetitzügler

Grapefruit senkt die Fettwerte im Blut, bremst den Anstieg des Blutzuckers aus und versorgt uns mit Pektin und Vitamin C, die beide einen Schlankmacher-Effekt haben: Der lösliche Ballaststoff Pektin quillt im Magen-Darm-Trakt auf und führt so zu einem Sättigungsgefühl. Vitamin C fördert die Ausschüttung des Hormons Noradrenalin, das im Körper den Energieverbrauch steigert und den Fettabbau anregt. Achtung: Beim Verzehr von Grapefruit können Wechselwirkungen mit einigen Medikamenten auftreten – sprechen Sie zuerst mit Ihrem Arzt.

Quinoa-Porridge mit Pflaumen

Schmeckt vor allem in der kalten Jahreszeit: Ingwer und Zimt fördern die Durchblutung und wärmen von innen. Pflaumen versorgen den Körper mit wertvollem Kalzium.

Für 2 Personen
Zubereitungszeit: 30 Minuten

10 g Ingwer
1 Zimtstange
Salz
200 ml Milch (3,5 % Fett)
200 ml ungesüßter Kokosdrink (verdünnte Kokosmilch)
75 g weiße Quinoa
40 g Haselnusskerne
10 g Kokos-Chips
2 rote Pflaumen
1 EL Limettensaft

Nährwerte pro Portion:
ca. 420 kcal, 14 g EW, 22 g F, 38 g KH, 6 g BST

+ Den Ingwer schälen und in Scheiben schneiden. Mit Zimtstange, 1 Prise Salz, Milch und Kokosdrink in einen Topf geben. Die Quinoa in einem Sieb abbrausen, in den Topf geben und unter Rühren aufkochen. Erst alles offen bei mittlerer Hitze etwa 10 Minuten garen, dabei ab und zu umrühren. Anschließend mit geschlossenem Deckel bei sehr milder Hitze noch etwa 10 Minuten quellen lassen.

+ Inzwischen die Haselnüsse hacken und mit den Kokos-Chips in einer Pfanne ohne Fett bei mittlerer Hitze hellbarun rösten. Herausnehmen und abkühlen lassen. Die Pflaumen waschen, halbieren und entsteinen. Die Hälften in Spalten schneiden.

+ Zum Servieren Ingwer und Zimtstange aus dem Porridge entfernen. Die Hälfte der Nuss-Kokos-Mischung und den Limettensaft untermischen. Den Porridge auf Schalen verteilen und die Pflaumenspalten darauf anrichten. Mit dem übrigen Nuss-Kokos-Mix bestreuen.

Energie- und Nährstoffspender aus den Anden

Für alle, die Pfunde verlieren wollen, ist Quinoa eine ideale Alternative zu Haferflocken Denn das Inka-Korn liefert hochwertige und komplexe Kohlenhydrate, die der Körper nur langsam abbaut und in Glukose umsetzt. Er ist somit eine Weile beschäftigt, die Energie wird dabei gleichmäßig ins Blut abgegeben. Das Gute: Man fühlt sich nicht nur lange satt, auch der Blutzuckerspiegel steigt nach dem Frühstück nicht annähernd so stark an wie nach dem Verzehr von einem Croissant oder Weißmehlbrötchen. Außerdem liefert Quinoa viele essenzielle Aminosäuren und Ballaststoffe.

Frühstücks-Baukasten

Keine Zeit in der Früh? Wie gut, dass es Haferflocken gibt! Mit Früchten oder Gemüse und Sattmacher-Eiweiß aus Quark, Joghurt, Ricotta, Ei und Co. kombiniert, sorgen sie für einen Turbostart am Morgen.

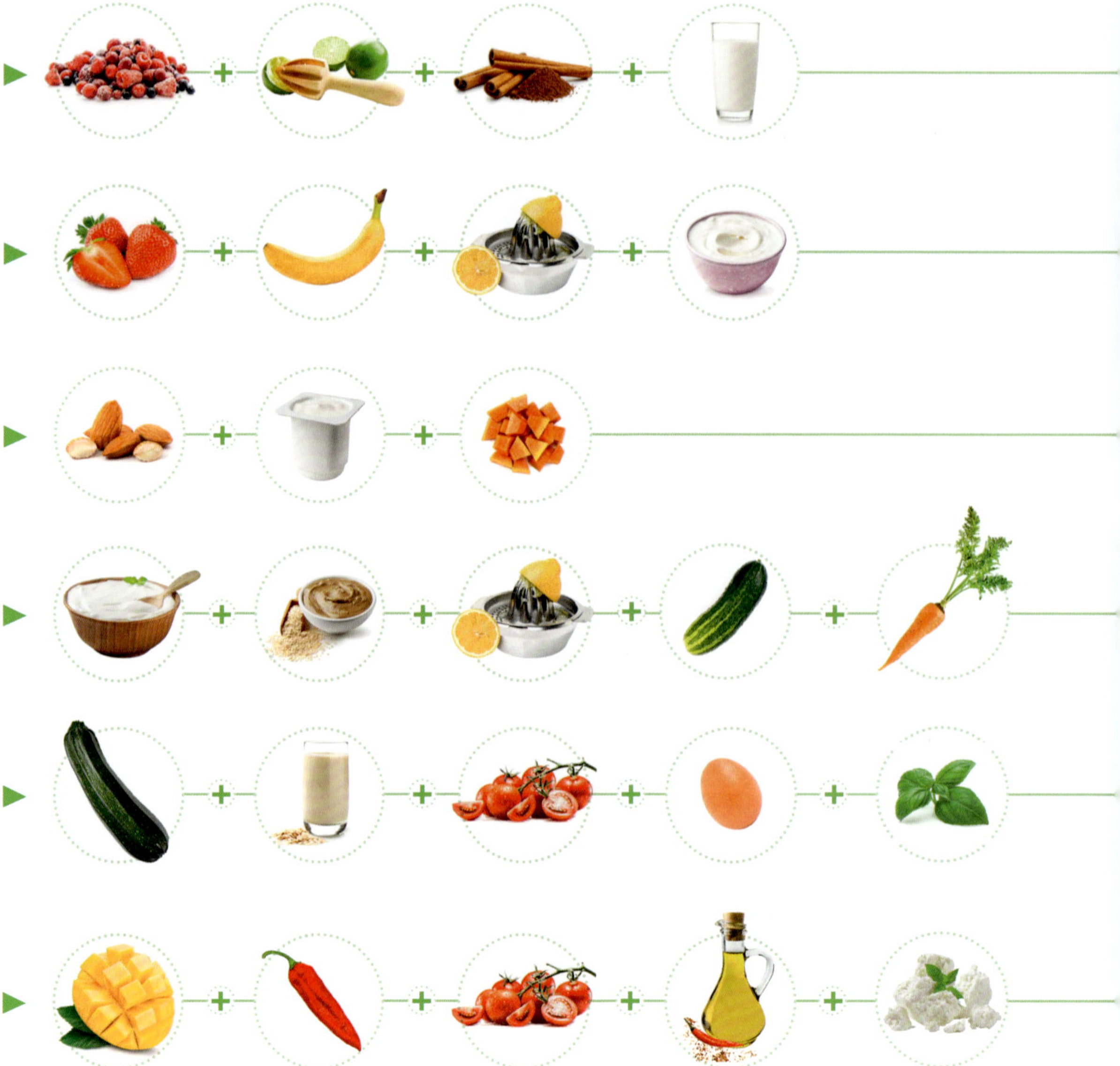

6 Kombinationsmöglichkeiten für Haferflocken (für 1 Person)

Smoothie

100 g tiefgekühlte Beerenmischung (angetaut), 1 EL Limettensaft, 2 EL zarte Haferflocken, ¼ TL Zimtpulver, 200 ml Buttermilch mixen.

▶ **ca. 200 kcal, 10 g EW, 3 g F, 27 g KH, 4 g BST**

Flockenquark

100 g Erdbeeren, ½ Banane, 1 EL Zitronensaft und 125 g Magerquark fein pürieren. Mit 2 EL gerösteteten kernigen Haferflocken toppen.

▶ **ca. 260 kcal, 21 g EW, 2 g F, 32 g KH, 5 g BST**

Müsli

3 EL kernige Haferflocken, 1 EL gehackte Mandeln und 150 g Joghurt (3,5% Fett) mischen. Mit 150 g gewürfelter Papaya belegen.

▶ **ca. 330 kcal, 13 g EW, 13 g F, 36 g KH, 7 g BST**

Herzhaftes Müsli

150 g griech. Joghurt (5% Fett), 1 EL Tahin (Sesampaste) und 2 TL Zitronensaft verrühren. 1 gewürfelte Mini-Salatgurke, 1 kleine geraspelte Möhre, 3 EL kernige Haferflocken daraufgeben.

▶ **ca. 360 kcal, 11 g EW, 19 g F, 30 g KH, 6 g BST**

Herzhaftes Porridge

125 g geraspelte Zucchini, 4 EL zarte Haferflocken und ¼ l ungesüßten Haferdrink zugedeckt quellen lassen. 80 g Cocktailtomaten (in Vierteln), 1 wachsweich gekochtes Ei und 4 Blätter Basilikum daraufgeben.

▶ **ca. 380 kcal, 16 g EW, 12 g F, 44 g KH, 9 g BST**

Smoothie-Bowl

100 g gewürfelte Mango, 1 kleine rote Spitzpaprikaschote, 150 g Cocktailtomaten, ¼ TL Pul Biber (Chiliflocken) und 1 EL Olivenöl fein pürieren. Mit 2 EL kernigen Haferflocken und 80 g Ricotta-Nocken toppen.

▶ **ca. 400 kcal, 12 g EW, 22 g F, 34 g KH, 7 g BST**

Pancakes mit Melonen-Erdbeer-Salat

Backen Sie Ihr Glück schon am Morgen mit diesen fluffigen Küchlein. Ein Klecks Skyr und sonnengereiftes Obst dazu – und der Tag kann beginnen!

Für 2 Personen
Zubereitungszeit: 30 Minuten

300 g Wassermelone
125 g Erdbeeren
2 Stiele Minze
1 EL Limettensaft
2 Eier (Größe M)
50 ml Milch (3,5 % Fett)
50 g teilentöltes Mandelmehl
1 TL Kokosblütenzucker
¼ TL gemahlene Vanille
2 EL Rapskernöl
2 EL Skyr (isländ. Frischkäse; 0,2 % Fett)

Nährwerte pro Portion:
ca. 420 kcal, 17 g EW, 31 g F, 17 g KH, 4 g BST

+ Die Melone schälen und in Stücke schneiden. Die Erdbeeren waschen, putzen und vierteln. Die Minze waschen, trocken schütteln, die Blätter abzupfen und einige zum Garnieren beiseitelegen, den Rest in feine Streifen schneiden. In einer Schüssel Melone, Erdbeeren und Minze mit dem Limettensaft mischen und kühl stellen.

+ Für die Pancakes Eier, Milch, Mandelmehl, Kokosblütenzucker und Vanille in einer Rührschüssel mit einem Schneebesen glatt verrühren und etwa 5 Minuten quellen lassen.

+ Den Backofen auf 80 °C vorheizen. In einer großen beschichteten Pfanne 1 EL Öl erhitzen. Nebeneinander 3 bis 4 Portionen Mandelteig (à je 1 EL) in die Pfanne setzen und bei mittlerer Hitze von beiden Seiten etwa 5 Minuten goldbraun backen. Herausnehmen und auf Küchenpapier kurz abtropfen lassen. Auf einem Teller im Ofen warm halten. Den restlichen Teig mit dem übrigen Öl ebenso zu insgesamt etwa 8 kleinen Pancakes verarbeiten.

+ Zum Servieren die Pancakes mit dem Obstsalat auf Tellern anrichten und je 1 EL Skyr daraufgeben. Mit den beiseitegelegten Minzeblättern garnieren.

Immer satt mit wasserreichem Obst

Wassermelone und Erdbeeren sind in puncto Diät-Erfolg ein Dream-Team. Denn sie enthalten viel Wasser, aber nur wenige Kalorien. Das verspricht gesundes Abnehmen, weil man ordentliche Portionen vertilgen kann und nie das Gefühl hat, hungern zu müssen. Übrigens: Verwechseln Sie Mandelmehl nicht mit gemahlenen Mandeln. Mandelmehl ist ein Nebenprodukt der Ölgewinnung – je nach Stärke der Pressung bleibt dabei ein teilentöltes oder entöltes Nussmehl zurück. Es bindet Flüssigkeit und macht den Teig kompakt. Außerdem enthält Mandelmehl weniger Fett und mehr Eiweiß.

Schoko-Granola aus der Pfanne

Das Knuspermüsli ist schokoladig, aber zuckerarm und wunderbar crunchy. So sorgt es morgens für gute Laune – und man freut sich schon auf das Frühstück am nächsten Tag.

Für 400 g (8 Portionen)
Zubereitungszeit: 20 Minuten

100 g gemischte Nusskerne (z. B. Cashew-, Haselnuss-, Walnusskerne, Mandeln)
50 g laktosefreie Bitterschokolade (mind. 80 % Kakaoanteil)
2 EL natives Kokosöl
50 g Ahornsirup
100 g glutenfreie kernige Haferflocken
50 g glutenfreie Hafer- oder Weizenkleie
50 g Kokosraspel
2 TL Kakaopulver (schwach entölt)

Nährwerte pro Portion:
ca. 260 kcal, 6 g EW, 16 g F, 20 g KH, 5 g BST

+ Die Nussmischung fein hacken. Die Schokolade ebenfalls fein hacken und beiseitestellen.

+ Das Öl in einer großen beschichteten Pfanne bei mittlerer Hitze zerlassen (Vorsicht, es soll nicht zu heiß werden!). Den Ahornsirup hinzufügen und unterrühren. Dann Haferflocken, Nussmischung, Hafer- oder Weizenkleie und Kokosraspeln dazugeben und gut untermischen. Das Granola bei milder Hitze etwa 15 Minuten rösten, dabei alle 5 Minuten wenden.

+ Danach das Kakaopulver darüberstäuben und gründlich untermischen. Die Granola-Mischung auf ein Stück Backpapier geben und vollständig abkühlen lassen. Zuletzt die gehackte Schokolade hinzufügen und untermengen.

+ Das Granola-Müsli in ein fest schließendes Glas oder eine Dose füllen und dunkel aufbewahren. So hält es sich 2 bis 3 Wochen. Zum Servieren pro Portion 50 g Granola in einer Schale mit 125 ml Milch (3,5 % Fett) oder ungesüßtem Mandeldrink und 100 g Brom- oder Himbeeren servieren.

Nahrhaftes Supermüsli mit wenig Carbs

Ein Müsli ist die wohl gesündeste und energiereichste Frühstücksvariante, die es gibt. Doch essen Sie nicht ausschließlich Haferflocken – sie liefern mit etwa 58 Gramm pro 100 Gramm viele Kohlenhydrate. Reduzieren Sie die Flockenmenge in Ihrem Müsli-Mix. Geben Sie stattdessen andere Sattmacher wie Haferkleie, Nüsse oder Eiweißträger wie Milch, Joghurt und Quark dazu. Hafer- und Weizenkleie enthalten neben wichtigen Nährstoffen auch reichlich Ballaststoffe wie Beta-Glucan. Dieses wirkt regulierend auf den Blutzucker- und den Cholesterinspiegel.

Avocado und Tomaten mit Mozzarella

Avocado ist der Frühstücksknaller: Dank reichlich gesunder Fette und Ballaststoffe macht sie wunderbar satt und liefert ein Enzym, das den Fettabbau unterstützt.

Für 2 Personen
Zubereitungszeit: 20 Minuten

2 EL Vitalkerne-Mix
(z. B. Sonnenblumen-, Pinienkerne, helle Sesamsamen)
2 EL Aceto balsamico
Salz, Pfeffer aus der Mühle
2 EL Olivenöl
150 g kleine Strauchtomaten
1 reife Avocado
125 g Mozzarella (45 % Fett i. Tr.)
2–3 Stiele Basilikum

Nährwerte pro Portion:
ca. 440 kcal, 15 g EW, 37 g F, 10 g KH, 5 g BST

+ Den Kerne-Mix in einer Pfanne ohne Fett bei mittlerer Hitze hell rösten. Herausnehmen und abkühlen lassen. Inzwischen für die Vinaigrette Essig, Salz und Pfeffer verquirlen, das Öl nach und nach unterschlagen.

+ Die Tomaten waschen und quer in Scheiben schneiden, dabei die Stielansätze entfernen. Die Avocado längs halbieren und entkernen, das Fruchtfleisch mit einem Löffel im Ganzen aus der Schale lösen und quer in etwa ½ cm dicke Scheiben schneiden. Mozzarella in Scheiben schneiden. Das Basilikum waschen, trocken schütteln und die Blätter abzupfen.

+ Mozzarella, Tomaten und Avocado leicht überlappend auf Teller verteilen, mit der Vinaigrette beträufeln und etwas Pfeffer darübermahlen. Mit den Kernen bestreuen und mit den Basilikumblättern garnieren. Dazu passt pro Person 1 Scheibe Haferflocken-Nuss-Brot (siehe Seite 60).

Gute Fette machen nicht fett!

Die Avocado ist mit 12 bis 25 Gramm Fett pro 100 Gramm eine echte Fettfrucht – allerdings lassen diese Fette die Kilos purzeln! Verantwortlich dafür ist das Enzym Lipase, das für eine gute Verdauung sorgt und beim Abbau von Fettzellen hilft – das konnten US-Wissenschaftler belegen. Damit nicht genug: Die Fette der Avocado setzen sich bis zu zwei Dritteln aus den „guten" einfach ungesättigten Fettsäuren zusammen. Diese senken das LDL-Cholesterin im Blut, das Herz-Kreislauf-Erkrankungen fördert. Gönnen Sie sich also öfter Avocado – ob im Salat, als Dip oder als Brotaufstrich!

Haferflocken-Nuss-Brot

So kraftvoll kann der Tag beginnen: Reichlich Nüsse, Samen und Flocken machen das Brot kernig und saftig. Davon können Sie sich auch eine Scheibe pur schmecken lassen.

Für 1 Kastenform (ca. 25 cm; 14 Scheiben)
Zubereitungszeit: 15 Minuten
Quellen: 3 Stunden
Backen: 1 Stunde 20 Minuten

60 g Haselnusskerne
60 g Mandeln
200 g glutenfreie kernige Haferflocken
100 g Sonnenblumenkerne
50 g Leinsamen
2 EL Chiasamen
40 g Flohsamenschalen
1 ½ TL Salz
2 EL Rapskernöl
2 TL Ahornsirup

Nährwerte pro Scheibe (à ca. 60 g):
ca. 180 kcal, 7 g EW, 11 g F, 12 g KH, 6 g BST

+ Die Form mit Backpapier auslegen. Haselnüsse und Mandeln grob hacken, mit Haferflocken, Sonnenblumenkernen, Leinsamen, Chiasamen, Flohsamenschalen und Salz in einer Rührschüssel gut mischen – das geht am besten mit einem Schneebesen.

+ Öl, Sirup und 350 bis 400 ml Wasser dazugeben und alles mit einem Kochlöffel gründlich verrühren. Die Masse in die vorbereitete Form geben und glatt streichen. Zugedeckt bei Zimmertemperatur etwa 3 Stunden quellen lassen.

+ Den Backofen rechtzeitig auf 180 °C vorheizen. Das Brot im Ofen auf der mittleren Schiene etwa 30 Minuten backen. Die Form aus dem Ofen nehmen, das Brot vorsichtig aus der Form lösen und auf dem Ofengitter noch 45 bis 50 Minuten backen. Für die Stäbchenprobe mit einem Holzspieß in das Brot stechen. Wenn beim Herausziehen kein Teig am Spieß kleben bleibt, ist das Brot fertig. Andernfalls noch wenige Minuten weiterbacken.

+ Das Brot aus dem Ofen nehmen und auf einem Kuchengitter vollständig abkühlen lassen. Kühl und trocken gelagert hält es sich etwa 1 Woche. Alternativ können Sie das Brot in Scheiben schneiden und einfrieren. Bei Bedarf einfach die gewünschte Menge an Scheiben toasten – dadurch werden sie wieder kross und knackig.

Kraftpaket mit Fitmacher-Faktor

Ein Brot, das wenig Kohlenhydrate liefert und beim Abnehmen hilft? Gibt es nicht? Doch! Dieses Frühstücksbrot besteht hauptsächlich aus Samen, Nüssen und Haferflocken und statt Mehl verbinden Flohsamen die Zutaten zu einem Teig. Daher liefert es jede Menge Ballaststoffe und gesunde Fette, die der Körper zur Unterstützung des Stoffwechsels braucht. Auch Ihr Darm wird es Ihnen danken, wenn Sie mit dem Brot in den Tag starten. Erschrecken Sie nicht, wenn es anfangs zu verstärkter Luft im Bauch kommt: Ihr Darm muss sich erst an die vielen guten Ballaststoffe gewöhnen.

Brote-Baukasten

Schnittchen hoch sechs! Hier kommen leckere Ideen, wie Sie das Haferflocken-Nuss-Brot von Seite 60 immer wieder neu belegen können. Probieren Sie mal Käse, Schinken, Lachs oder Spiegelei – plus Avocado, Salat und Gemüse!

6 Kombinationsmöglichkeiten für 1 – 2 Brotscheiben (für 1 Person)

1–2 Scheiben Haferflocken-Nuss-Brot, 2 EL körniger Frischkäse, 25 g Cheddar (in Scheiben), 1 kleine Tomate (in Spalten), 1 EL Schnittlauchröllchen

▶ **ca. 330 kcal, 19 g EW, 21 g F, 15 g KH, 7 g BST**

1–2 Scheiben Haferflocken-Nuss-Brot, 2 EL Speisequark (20% Fett i. Tr.), 1 TL geriebener Meerrettich, 50 g gegarte Rote Bete (in Scheiben), 1 Spiegelei, 1 EL Kresse

▶ **ca. 370 kcal, 20 g EW, 23 g F, 19 g KH, 8 g BST**

1–2 Scheiben Haferflocken-Nuss-Brot, 2 EL Magerquark, 2 TL Mandelmus, ½ TL abgeriebene Bio-Zitronenschale, 1 kleine geraspelte Möhre, 10 g Radieschensprossen

▶ **ca. 300 kcal, 15 g EW, 17 g F, 19 g KH, 8 g BST**

1–2 Scheiben Haferflocken-Nuss-Brot, 2 EL Frischkäse (Halbfettstufe), ½ kleine Avocado (in Spalten), 2 Scheiben Putenschinkenaufschnitt, ¼ TL Chiliflocken, 8 Blätter Rucola

▶ **ca. 350 kcal, 18 g EW, 22 g F, 16 g KH, 9 g BST**

1–2 Scheiben Haferflocken-Nuss-Brot, 2 EL Ziegenfrischkäse, 2 Scheiben Bresaola, 1 kleine Feige (in Spalten), 1 Blatt Radicchio (in Streifen), 1 TL Walnussöl

▶ **ca. 350 kcal, 15 g EW, 23 g F, 20 g KH, 7 g BST**

1–2 Scheiben Haferflocken-Nuss-Brot, ½ Avocado (mit 2 TL Limettensaft zerdrückt), 50 g Stremellachs (in Stücken), 1 EL gehackte Dillspitzen

▶ **ca. 390 kcal, 21 g EW, 26 g F, 16 g KH, 9 g BST**

Käse-Pilz-Spiegeleier auf Roter Bete

So simpel, so lecker! Champignons und würziger Gouda pimpen die Spiegeleier noch zusätzlich mit Eiweiß auf. Der Clou dazu: Rote-Bete-Scheiben anstelle von geröstetem Brot.

Für 2 Personen
Zubereitungszeit: 15 Minuten

200 g Rote Bete (vorgegart und vakuumiert, siehe Seite 150)
Salz, Pfeffer aus der Mühle
50 g kleine Champignons
30 g mittelalter Gouda (am Stück)
1 EL Rapskernöl
2 TL Butter
2 Eier (Größe L)
¼ Bund Schnittlauch

Nährwerte pro Portion:
ca. 270 kcal, 14 g EW, 19 g F, 9 g KH, 3 g BST

+ Die Rote Bete eventuell abtropfen lassen, trocken tupfen und in dünne Scheiben hobeln oder schneiden (dabei am besten Einweghandschuhe tragen, da die Knollen stark abfärben). Die Scheiben leicht überlappend auf Tellern auslegen, leicht salzen und pfeffern.

+ Die Champignons putzen, falls nötig, trocken abreiben und in dünne Scheiben schneiden. Den Käse grob raspeln.

+ Das Öl und die Butter in einer beschichteten Pfanne erhitzen. Die Eier hineinschlagen und bei mittlerer Hitze etwa 3 Minuten zu Spiegeleiern braten, mit Salz und Pfeffer würzen. Die Spiegeleier mit den Pilzen und dem Käse belegen und mit geschlossenem Deckel weitere 3 Minuten braten.

+ Inzwischen den Schnittlauch waschen, trocken schütteln und in feine Röllchen schneiden. Zum Servieren die Käse-Pilz-Spiegeleier auf dem Rote-Bete-Carpaccio anrichten und mit dem Schnittlauch bestreuen.

Powerproteine für Muskeln und Stoffwechsel

Wer nachhaltig ein paar Pfunde, aber keine Muskeln verlieren will, der braucht besonders viele Proteine – wie sie in dieser leckeren Spiegelei-„Stulle" enthalten sind. Denn Eiweiß dient primär als Baustoff für Zellen, Enzyme und Hormone und hilft, zusätzlich Kalorien zu verbrennen, indem es den Stoffwechsel auf Touren bringt. 20 bis 30 Prozent der Kalorien aus dem Eiweiß verwertet der Körper gleich wieder und produziert dabei Wärme, die Fettpölsterchen schmelzen lässt. Dann heißt es: kalte Hände und kalte Füße ade!

Gemüserührei mit Bergkäse

Bunt und gesund: Dieser Frühstückshit aus der Pfanne ist fix zubereitet und ideal für alle, die morgens am liebsten herzhafte Eiweißpower tanken.

Für 2 Personen
Zubereitungszeit: 15 Minuten

½ rote Paprikaschote
2 Frühlingszwiebeln
100 g tiefgekühlte Erbsen
50 g Bergkäse (am Stück)
150 g kleine Strauchtomaten
1 EL Rapskernöl
5 Eier (Größe M)
3 EL Milch (3,5 % Fett)
Salz, Pfeffer aus der Mühle

Nährwerte pro Portion:
ca. 440 kcal, 31 g EW, 28 g F, 15 g KH, 5 g BST

+ Die Paprika halbieren, putzen, waschen und etwa 1 cm groß würfeln. Die Frühlingszwiebeln putzen, waschen, weiße und hellgrüne Teile getrennt in dünne Ringe schneiden. Die Erbsen antauen lassen. Den Käse raspeln. Die Tomaten waschen und vierteln, dabei die Stielansätze entfernen.

+ In einer mittelgroßen beschichteten Pfanne ½ EL Öl erhitzen und die Paprikawürfel darin etwa 1 Minute andünsten. Die weißen Frühlingszwiebelringe und das übrige Öl dazugeben und etwa 1 Minute mitdünsten.

+ Die Eier in einer Schale mit der Milch verquirlen, salzen und pfeffern. Die Eiermasse in die Pfanne gießen, die Erbsen dazugeben und die Eier bei mittlerer Hitze 2 bis 3 Minuten stocken lassen. Dann mit einem Pfannenwender die Eiermasse vom Rand zur Pfannenmitte schieben, den Vorgang mehrfach wiederholen.

+ Zuletzt Käse und grüne Frühlingszwiebelringe auf das Rührei streuen und alles mit geschlossenem Deckel bei milder Hitze noch etwa ½ Minute weitergaren. Zum Servieren alles mit Pfeffer würzen und auf Tellern anrichten. Die Tomaten in der Pfanne kurz erwärmen und über dem Rührei verteilen.

Der Schlüssel zur schlanken Figur

Mit einer Portion Eier plus Gemüse haben Sie ein vollwertiges Frühstück mit wenigen Kalorien und ein ideales Abnehmgericht. Dank ihres hohen Proteinanteils erhöhen Eier das Sättigungsgefühl. Die australische Wissenschaftlerin Jennifer Blundell hat dazu eine Studie durchgeführt und den Sättigungsindex verschiedener Lebensmittel abgeleitet. Als Vergleichswert dient Weißbrot mit einem Index von 100. Alle Produkte unter 100 machen schneller wieder hungrig, alles über 100 hält länger satt. Eier haben einen Index von 150 und sättigen somit 1,5-mal länger als Weißbrot.

Lachs auf skandinavische Art

Räucherlachs mit Gurke, Dill und Ei plus Frischkäse auf kernigem Low-Carb-Brot: Dieses nordische Frühstück schmeckt nicht nur Ihnen, sondern auch Ihrer Figur.

Für 2 Personen
Zubereitungszeit: 15 Minuten

2 Eier (Größe M)
2 Mini-Salatgurken (ca. 200 g)
4 Stiele Dill
150 g Räucherlachs (in dünnen Scheiben)
Salz, Pfeffer aus der Mühle
2 Scheiben glutenfreies Haferflocken-Nuss-Brot (siehe Seite 60; à ca. 60 g) oder ein anderes glutenfreies Low-Carb-Brot
2 EL Frischkäse (Halbfettstufe)

Nährwerte pro Portion:
ca. 450 kcal, 34 g EW, 27 g F, 16 g KH, 7 g BST

+ Die Eier in kochendem Wasser etwa 10 Minuten hart kochen. Herausnehmen, kalt abschrecken und abkühlen lassen.

+ Inzwischen die Gurken waschen und in dünne Scheiben schneiden. Den Dill waschen, trocken schütteln, die Spitzen abzupfen und fein hacken. Den Räucherlachs in grobe Stücke zupfen oder schneiden. Die Eier pellen und quer in Scheiben schneiden.

+ Die Gurken- und Eierscheiben abwechselnd mit den Lachsstücken auf Teller verteilen. Mit den Dillspitzen bestreuen und leicht mit Salz und Pfeffer würzen.

+ Zum Servieren die Brote mit dem Frischkäse bestreichen, jeweils diagonal halbieren und zu den Lachstellern servieren.

Grüne Welle für Räucherlachs

Gönnen Sie sich ruhig öfter ein Frühstück de luxe mit Räucherlachs! Der edle Fisch ist zwar relativ fett- und kalorienreich, besitzt aber gute Qualitäten als Abnehmhelfer. Warum? Die in Räucherlachs reichlich vorhandenen Omega-3-Fettsäuren können erwiesenermaßen den Fettabbau im Körper ankurbeln. Wichtig ist es, Maß zu halten, und den Fisch mit fett- und kohlenhydratarmen Zutaten wie Eiern, Gurke, Frischkäse und Low-Carb-Brot zu kombinieren.

Hähnchenaufschnitt mit Paprika-Salsa

Geht morgens ruckzuck! Die pikant-frische Mischung aus Paprika, Avocado, Frühlingszwiebeln und Kapern passt übrigens auch perfekt zu Roastbeefaufschnitt.

Für 2 Personen
Zubereitungszeit: 20 Minuten

150 g Hähnchenbrustaufschnitt (in dünnen Scheiben)
je 1 rote und gelbe Spitzpaprikaschote
2 Frühlingszwiebeln
1 kleine Avocado
1 EL Limettensaft
1 EL kleine Kapern (Nonpareilles; aus dem Glas)
1 EL Balsamico bianco
2 EL Olivenöl
Salz, Pfeffer aus der Mühle
3 Stiele Koriandergrün

Nährwerte pro Portion:
ca. 300 kcal, 20 g EW, 19 g F, 9 g KH, 5 g BST

+ Den Hähnchenaufschnitt auf Tellern leicht überlappend anrichten.
+ Für die Salsa die Paprikaschoten vierteln, putzen, waschen und in kleine Würfel schneiden. Die Frühlingszwiebeln putzen, waschen und in dünne Ringe schneiden.
+ Die Avocado längs halbieren, entkernen, das Fruchtfleisch mit einem Löffel aus der Schale lösen und in etwa 1 cm große Würfel schneiden. Sofort mit dem Limettensaft beträufeln, damit sich die Avocado nicht bräunlich verfärbt. Die Kapern abtropfen lassen.
+ Paprika, Frühlingszwiebeln und Avocado in einer Schüssel mit den Kapern vorsichtig mischen. Mit Essig, Öl, Salz und Pfeffer abschmecken und die Paprika-Salsa über den Hähnchenscheiben verteilen.
+ Zum Servieren das Koriandergrün waschen, trocken schütteln, die Blätter abzupfen und grob hacken, dann über Salsa und Aufschnitt streuen.

Fit-Frühstück mit Geflügel und Gemüse

Auf dem Teller nimmt der Hähnchenbrustaufschnitt viel Platz ein. So führen Sie dem Körper reichlich wertvolles Eiweiß zu, das den Stoffwechsel ankurbelt. Außerdem ist der Aufschnitt leicht verdaulich, er enthält Zink und Eisen, die das Immunsystem stärken. Hier stimmt vor allem die Mischung: Der eiweißreiche Geflügelaufschnitt wird mit einer großen Portion Gemüse, Frucht (Avocado!), Kräutern und gesunden Ölen kombiniert, die basenbildend wirken. Somit ist der Säure-Basen-Haushalt ausgeglichen und alle Stoffwechselvorgänge im Körper können reibungslos ablaufen.

Kleine Gerichte

Leicht und lecker satt essen: Mit Hüttenkäsetalern, Kräuterchampignons oder Linsensalat mit Makrele bringen Sie schnell etwas Unkompliziertes auf den Tisch. Weil alle Gerichte kaum Kohlenhydrate haben, kommen selbst Stunden später keine Gelüste auf Fast Food auf. Und auch die Müdigkeit nach dem Essen ist kein Thema mehr …

Griechischer Salat mit Hüttenkäsetalern

Leckere Idee für mittags oder abends: Die kräuterwürzigen Goldstücke sind perfekt für alle, die es Low Carb, aromatisch und proteinreich mögen.

Für 2 Personen
Zubereitungszeit: 30 Minuten
Backen: 20 Minuten

200 g körniger Frischkäse (Halbfettstufe)
1 Ei (Große M)
50 g zarte Haferflocken
Salz, Pfeffer aus der Mühle
40 g Bergkäse (am Stück)
2 Zweige Oregano
½ Bund Petersilie
200 g kleine Strauchtomaten
1 Mini-Salatgurke
1 kleine rote Zwiebel
je 1 rote und gelbe Snack-Paprikaschote (ca. 80 g)
2 EL Zitronensaft
2 EL Olivenöl
1 EL schwarze Oliven (z. B. Kalamata; ohne Stein)

Nährwerte pro Portion:
ca. 460 kcal, 27 g EW, 26 g F, 26 g KH, 6 g BST

+ Den Hüttenkäse in einer Schüssel mit Ei und Haferflocken verrühren. Die Masse mit Salz und Pfeffer würzen und etwa 10 Minuten quellen lassen.

+ Währenddessen den Backofen auf 220 °C vorheizen. Ein Backblech mit Backpapier belegen. Den Käse raspeln. Oregano und Petersilie waschen, trocken schütteln, die Blätter abzupfen und getrennt fein hacken. Die Hälfte der Petersilie für den Salat beiseitelegen, den Rest mit dem Oregano und dem Käse unter die Hüttenkäsemasse mischen.

+ Aus der Käsemasse nebeneinander 6 kleine Fladen auf das Blech setzen, jeden zu einem Taler (à ca. 8 cm Durchmesser) formen. Im Ofen auf der mittleren Schiene 15 bis 20 Minuten goldbraun backen.

+ Inzwischen die Tomaten waschen und vierteln, dabei die Stielansätze entfernen. Die Gurke waschen und schräg in Scheiben schneiden. Die Zwiebel schälen und in dünne Ringe schneiden. Die Paprikaschoten am Stielansatz öffnen, putzen, waschen und in Ringe schneiden. Zitronensaft, Salz, Pfeffer und Öl in einer Salatschüssel gründlich verquirlen. Alle Salatzutaten mit den Oliven und der beiseitegelegten Petersilie unter das Dressing mischen.

+ Zum Servieren die Hüttenkäsetaler aus dem Ofen nehmen und mit einem Pfannenwender vom Backpapier lösen. Mit dem Salat anrichten. Die Taler schmecken warm oder kalt.

Körniger Protein-Booster

Hüttenkäse gilt zu Recht als idealer Schlankmacher: 100 Gramm enthalten satte 13,6 Gramm biologisch hochwertiges Eiweiß. Außerdem hat er wenig Fett und Kohlenhydrate und liefert deshalb kaum Kalorien, aber jede Menge Kalzium. Wer abends auf Brot verzichtet und dafür auf diesen eiweißreichen Snack mit körnigem Frischkäse setzt, schläft mit einem niedrigen Insulin- und Blutzuckerspiegel ein. Der Vorteil: So wird über Nacht die Fettverbrennung angekurbelt.

Edamame-Salat mit Granatapfel

Ob fürs Picknick oder fürs Büro: Dieser knackfrische Sattmachersalat mit Chilijoghurt ist absolut to-go-tauglich. PS: Er schmeckt natürlich auch zu Hause!

Für 2 Personen
Zubereitungszeit: 25 Minuten

125 g tiefgekühlte Edamame-Schoten (junge grüne Sojabohnen)
Salz
½ Salatgurke (ca. 250 g)
1 Stange Staudensellerie
3 Frühlingszwiebeln
½ Bund Petersilie
½ Bund Koriandergrün
40 g Granatapfelkerne (aus dem Kühlregal)
1½ EL Zitronensaft
Pfeffer aus der Mühle
3 EL Olivenöl
30 g Cashewkerne
150 g Joghurt (3,5 % Fett)
1–2 TL Harissa (Chilipaste)

Nährwerte pro Portion:
ca. 400 kcal, 14 g EW, 28 g F, 22 g KH, 7 g BST

+ Die Edamame in kochendem Salzwasser 5 bis 6 Minuten garen. In ein Sieb abgießen, kalt abschrecken und abtropfen lassen. Danach die Kerne aus den Schoten lösen.

+ Inzwischen die Gurke waschen, streifig schälen und längs halbieren. Die Hälften mit einem Löffel entkernen und klein würfeln. Sellerie und Frühlingszwiebeln putzen, waschen und klein würfeln. Petersilie und Koriandergrün waschen, trocken schütteln, die Blätter abzupfen und fein hacken.

+ Die Edamame in einer Salatschüssel mit Gurke, Sellerie, Frühlingszwiebeln, Kräutern und Granatapfelkernen gut mischen. Mit Zitronensaft, Salz und Pfeffer würzen, zuletzt das Öl unter den Salat rühren.

+ Die Cashewkerne grob hacken und in einer Pfanne ohne Fett bei mittlerer Hitze hell rösten. Herausnehmen und abkühlen lassen. Joghurt, Harissa, Salz und Pfeffer verrühren.

+ Zum Servieren den Salat mit Salz und Pfeffer abschmecken, auf Teller verteilen und mit den Cashewkernen bestreuen. Den Harissa-Joghurt-Dip dazu reichen.

Kleine grüne Superbohne

Edamame – junge, unreif geerntete Sojabohnen, die noch in einer Hülse stecken – sind eine wahre Wohltat für die Figur. Durch ihren hohen Ballaststoff- und Eiweißanteil (etwa 11 Gramm Eiweiß pro 100 Gramm) machen sie ordentlich satt und sorgen dafür, dass der Blutzuckerspiegel konstant bleibt. Heißhungerattacken haben dann keine Chance mehr. Weitere Pluspunkte der kalorienarmen Hülsenfrüchte: Sie strotzen vor Vitaminen (A, B, D, E, K, Folsäure). Jede Menge Eisen und Kalzium bringen zudem den Stoffwechsel auf Trab und stärken die Knochen.

Kräuterchampignons mit eifreier Aioli

Lust auf ein kleines Essen gegen Fast-Food-Gelüste? Bitte sehr! Die Pilze machen lange satt und punkten mit wertvollem Eiweiß und einem hohen Gehalt an B-Vitaminen.

Für 2 Personen
Zubereitungszeit: 25 Minuten

je 250 g weiße und braune Champignons
1 große Zwiebel
6 Zweige Thymian
1 kleiner Zweig Rosmarin
2 EL Olivenöl
2 TL Butter
2 EL Aceto balsamico
Salz, Pfeffer aus der Mühle
100 g Schmand (24 % Fett)
100 g Joghurt (1,5 % Fett)
1 Knoblauchzehe
½ Bund Petersilie
1 Mini-Romanasalat
2 Bio-Zitronenspalten

Nährwerte pro Portion:
ca. 350 kcal, 15 g EW, 26 g F, 11 g KH, 6 g BST

+ Die Champignons putzen, falls nötig, trocken abreiben, größere Exemplare halbieren. Die Zwiebel schälen und fein würfeln. Thymian und Rosmarin waschen, trocken schütteln, die Blätter bzw. Nadeln abzupfen und fein hacken.

+ Das Öl in einer großen Pfanne erhitzen und Pilze und Zwiebel darin bei starker Hitze unter Rühren etwa 5 Minuten anbraten, bis der ausgetretene Pilzsaft verdampft ist. Die Pfanne vom Herd nehmen. Butter, Thymian, Rosmarin und Essig unterrühren und alles mit Salz und Pfeffer würzen. Die Kräuterchampignons warm halten.

+ Für die Aioli Schmand und Joghurt verrühren. Den Knoblauch schälen und dazupressen, mit Salz und Pfeffer abschmecken. Die Petersilie waschen, trocken schütteln, die Blätter abzupfen und fein hacken. Vom Salat die äußeren Blätter entfernen. Den Salat in die einzelnen Blätter teilen, waschen, trocken schleudern und in mundgerechte Stücke zupfen.

+ Zum Servieren den Salat auf Teller verteilen, die Pilze darauf anrichten und mit der Petersilie bestreuen. Die Aioli und je 1 Zitronenspalte dazu reichen.

Abnehmen mit hellen Köpfchen

Champignons punkten vor allem als Proteinquelle. Sie enthalten etwa 3 Prozent Eiweiß und alle acht essenziellen Aminosäuren, die unser Körper nicht selbst herstellen kann, aber dringend für Wachstum, Vitalität und Gesundheit braucht. Außerdem sind die Zuchtpilze eine wertvolle Quelle für Vitamine der B-Gruppe, die eine wichtige Rolle bei der Energiegewinnung in den Zellen spielen, und für die Mineralstoffe Kalium, Phosphor, Kupfer und Selen. Kaum Kalorien und der Ballaststoff Hemicellulose, der einen Sattmacher-Effekt hat, machen sie zudem zu ultimativen Abnehmhelfern.

Rote Gazpacho mit Ricotta

In die kalte Gemüsesuppe kommt alles, was rot ist. Schmeckt eiskalt serviert so richtig nach Sommer – und ist nebenbei auch noch megagesund und leicht.

Für 2 Personen
Zubereitungszeit: 20 Minuten
Kühlen: 1 Stunde

1 rote Paprikaschote
½ rote Pfefferschote
250 g Salatgurke
1 rote Zwiebel
1 kleine Knoblauchzehe
200 g Cocktailtomaten
125 ml gekühlte glutenfreie Gemüsebrühe
Salz
3 EL Olivenöl
1 EL Rotweinessig
4 Stiele Basilikum
Pfeffer aus der Mühle
4 EL Ricotta (mind. 42 % Fett i. Tr.)

Nährwerte pro Portion:
ca. 280 kcal, 7 g EW, 22 g F, 12 g KH, 5 g BST

+ Die Paprika vierteln, putzen und waschen. Ein Viertel in kleine Würfel schneiden und zum Garnieren beiseitelegen, den Rest in grobe Stücke schneiden. Die Pfefferschote längs halbieren, putzen, waschen und grob schneiden. Die Gurke schälen und in Würfel schneiden. Zwiebel und Knoblauch schälen und grob würfeln. Die Tomaten waschen.

+ Die grob geschnittene Paprika, Pfefferschote, Gurke, Zwiebel und Knoblauch mit den Tomaten in den Standmixer geben. Die Brühe, ½ TL Salz, 1 EL Öl und den Essig dazugeben und alles erst auf kleiner Stufe, dann auf höchster Stufe fein pürieren. Die Suppe etwa 1 Stunde kühl stellen.

+ Inzwischen das Basilikum waschen, trocken schütteln, die Blätter abzupfen und mit dem übrigen Öl in einem hohen Rührbecher mit dem Stabmixer fein pürieren.

+ Zum Servieren die kalte Gazpacho mit Salz und Pfeffer abschmecken und auf Schalen verteilen. Ricotta in Flöckchen daraufsetzen. Mit dem Basilikumöl beträufeln und mit den beiseitegelegten Paprikawürfeln bestreuen.

Coole Suppe mit Vitalstoffkick

Eine kalte pürierte Suppe mit Gemüse ist eine wunderbare Möglichkeit, sich zu erfrischen und mit viel Flüssigkeit zu versorgen. Das Beste: Weil die Zutaten roh zubereitet werden, bleiben ihre wertvollen Vitamine, Mineralstoffe und sekundären Pflanzenstoffe weitgehend erhalten. Mit kalorienarmem, besonders wasserreichem Gemüse wie Tomaten, Gurken und Paprika wird die Gazpacho zu einer vollwertigen, lange sättigenden Mahlzeit, weil sie aufgrund ihres Volumens länger im Magen verweilt. Eiweißreicher Ricotta als Topping sorgt für ein Plus an Sättigung.

Salate-Baukasten

Eine Portion Salat gewünscht? Bitte schön! Diese Kreationen mit frischem Gemüse und Eiweißpower sind dank Dressings aus dem Vorrat schnell gemacht und bringen auf leichte Art neue Energie. Die Zutaten jeweils in mundgerechte Stücke schneiden.

Vinaigrette

Für 1 Glas (ca. 150 ml; 4 Portionen):
4 EL Weißweinessig, Salz und Pfeffer aus der Mühle mit einem Schneebesen verquirlen. 6 EL Olivenöl, 2 EL Rapskernöl und 1 EL Leinöl unterschlagen. In einem Twist-off-Glas im Kühlschrank aufbewahren. Hält sich mindestens 2 Wochen.

5 Kombinationsmöglichkeiten für 1 Mini-Romanasalat (für 1 Person)

1 Mini-Romanasalat, 2 Tomaten, 1 gelbe Spitzpaprikaschote, 1 Frühlingszwiebel, 50 g Feta (Schafskäse), 3 EL Vinaigrette

► **ca. 430 kcal, 12 g EW, 35 g F, 13 g KH, 6 g BST**

1 Mini-Romanasalat, 60 g Kichererbsen (Dose), 100 g Kürbis (gebraten), 100 g Rote Bete (gegart), 1 hart gekochtes Ei, 3 EL Vinaigrette

► **ca. 450 kcal, 16 g EW, 30 g F, 27 g KH, 9 g BST**

1 Mini-Romanasalat, 1 Stange Staudensellerie, 50 g Cocktailtomaten, 1 Mini-Salatgurke, 100 g Räucherforellenfilet, 3 EL Vinaigrette

► **ca. 370 kcal, 24 g EW, 25 g F, 7 g KH, 4 g BST**

1 Mini-Romanasalat, ½ Avocado, 1 Möhre, 100 g Garnelen (geschält, gegart), 5 EL Buttermilch-Dressing

► **ca. 330 kcal, 24 g EW, 19 g F, 12 g KH, 6 g BST**

1 Mini-Romanasalat, 125 g grüner Spargel (gegart), 50 g tiefgekühlte Erbsen, 4 Radieschen, 100 g Hähnchenbrustaufschnitt (in dünnen Scheiben), 5 EL Buttermilch-Dressing

► **ca. 290 kcal, 33 g EW, 9 g F, 14 g KH, 6 g BST**

Buttermilch-Dressing

Für 1 Glas (ca. 220 ml; 4 Portionen):
150 ml Buttermilch mit 50 g saurer Sahne, 1 EL Apfelessig, 1 EL Rapskernöl und 2 TL Walnussöl gründlich verrühren. Mit Salz und Pfeffer aus der Mühle würzen. Im Twist-off-Glas im Kühlschrank aufbewahren. Hält sich mindestens 1 Woche.

Auberginen mit Tomaten und Mozzarella

Heißer Sommer-Imbiss all'italiana: Die Auberginen werden im Ofen gebacken und mit Tomaten und Mozzarella als buntes Low-Carb-Gericht angerichtet.

Für 2 Personen
Zubereitungszeit: 25 Minuten
Garen: 25 Minuten

2 Auberginen (à ca. 300 g)
3 EL Olivenöl
Salz, Pfeffer aus der Mühle
1 Knoblauchzehe
400 g bunte Cocktailtomaten
125 g Mini-Mozzarellakugeln (mind. 45 % Fett i. Tr.)
4 Stiele Basilikum
2 EL Aceto balsamico

Nährwerte pro Portion:
ca. 400 kcal, 16 g EW, 29 g F, 15 g KH, 6 g BST

+ Den Backofen auf 200 °C vorheizen. Die Auberginen putzen, waschen, längs halbieren und die Schnittflächen mit einem Messer kreuzweise etwa 1 cm tief einschneiden.

+ In einer Schüssel 2 EL Öl mit Salz und Pfeffer verrühren. Den Knoblauch schälen und dazupressen, dann die Schnittflächen der Auberginen mit dem Knoblauchöl bestreichen.

+ Die Auberginen mit den Schnittflächen nach oben nebeneinander auf ein Blech setzen und im Ofen auf der unteren Schiene etwa 25 Minuten garen.

+ Inzwischen die Tomaten waschen und halbieren. Die Mozzarellakugeln ebenfalls halbieren. Das Basilikum waschen, trocken schütteln, die Blätter abzupfen und grob hacken. Tomaten, Mozzarella und Basilikum mit Essig, Salz, Pfeffer und dem übrigen Öl mischen.

+ Zum Servieren die Auberginen aus dem Ofen nehmen, auf Teller legen und den Tomaten-Mozzarella-Salat daraufgeben.

Auf die richtige Nährstoffmischung kommt's an

Mozzarella punktet mit Proteinen – schon 100 Gramm liefern knapp 20 Gramm Eiweiß. Obwohl er ziemlich fetthaltig ist, dürfen Sie ihn bei einer kohlenhydratarmen Diät auf den Speiseplan setzen. Denn in Zeiten von wenig Carbs bedient sich der Körper zur Energieversorgung seiner Reserven, der Fette und Proteine, um schnellen „Brennstoff" bereitzustellen. Und das kann tatsächlich helfen, Gewicht zu verlieren. Zudem wird das Sättigungsgefühl erhöht und es fällt einem leichter, den Tag über weniger zu essen.

Chicorée-Waldorfsalat mit Matjes

Ein schneller Sattmacher, der spannend schmeckt und nicht nur Nordlichter begeistert: frische Kräuter, milder Matjes und eine knackiger Gemüse-Nuss-Mix.

Für 2 Personen
Zubereitungszeit: 25 Minuten

2 EL saure Sahne (10 % Fett)
2 EL Joghurt (3,5 % Fett)
2 EL Zitronensaft
Salz, Pfeffer aus der Mühle
1 großer Chicorée (ca. 200 g)
150 g Möhren
1 kleiner säuerlicher Apfel (z. B. Elstar; ca. 125 g)
20 g Walnusskerne
je 4 Stiele Dill, Petersilie und Schnittlauch
4 Wacholderbeeren
4 Matjesfilets (ca. 160 g)

Nährwerte pro Portion:
ca. 420 kcal, 18 g EW, 30 g F, 18 g KH, 5 g BST

+ In einer Salatschüssel saure Sahne, Joghurt und 1 EL Zitronensaft verrühren, mit Salz und Pfeffer abschmecken.

+ Chicorée längs halbieren und den Strunk keilförmig herausschneiden. Die Chicoréehälften waschen, trocken schütteln und quer in etwa 1 cm dicke Streifen schneiden. Die Möhren putzen, schälen und auf der Gemüsereibe grob raspeln. Den Apfel waschen, vierteln, entkernen und quer in feine Scheiben schneiden, sofort mit dem restlichen Zitronensaft beträufeln, damit sich der Apfel nicht bräunlich verfärbt. Die Nüsse grob hacken.

+ Chicorée, Möhrenraspeln und Apfelscheiben vorsichtig mit dem Dressing mischen und etwa 10 Minuten ziehen lassen.

+ Inzwischen Dill, Petersilie und Schnittlauch waschen, trocken schütteln, die Spitzen bzw. Blätter abzupfen und fein hacken, den Schnittlauch in feine Röllchen schneiden. Die Wacholderbeeren im Mörser fein zerdrücken und mit den Kräutern mischen. Den Mix auf einen Teller geben und die Matjesfilets darin rundum wenden, dabei den Kräuter-Mix festdrücken.

+ Zum Servieren den Salat mit Salz und Pfeffer abschmecken, auf Teller verteilen und mit den Nüssen bestreuen. Die Matjes daraufsetzen. Nach Belieben mit Dillspitzen garnieren.

Maritimer Superstar mit Omega-3-Power

Matjes ist fett: Mindestens 16 Prozent Fett pro 100 Gramm hat der junge, noch nicht geschlechtsreife Hering im Frühsommer angesetzt. Aber: Mehr als 10 Prozent des Heringsfetts besteht aus lebensnotwendigen Omega-3-Fettsäuren, die der Körper nicht selbst herstellen kann. Diese Fettsäuren aktivieren spezielle Gene, die die Fettverbrennung und Wärmeabgabe ankurbeln. Auf diese Weise können die guten Fette zum Kampf gegen Übergewicht beitragen.

Asia-Gemüsenudelsalat mit Garnelen

Kurzgebratene Möhren- und Zucchinistreifen sind die Lösung für kalorienbewusste Pasta-Fans. Mit Chili und Ingwer gewürzte Garnelen ergänzen die Mischung raffiniert.

Für 2 Personen
Zubereitungszeit: 30 Minuten

2 Zucchini (ca. 300 g)
200 g Möhren
4 Frühlingszwiebeln
1 rote Chilischote
20 g Ingwer
1 Knoblauchzehe
200 g rohe geschälte Garnelen (frisch oder tiefgekühlt und aufgetaut)
3 EL Rapskernöl
3 EL glutenfreie Sojasauce (z. B. Tamari)
2 EL Limettensaft
2 EL ungesalzene Erdnusskerne
½ Bund Koriandergrün

Nährwerte pro Portion:
ca. 400 kcal, 27 g EW, 23 g F, 18 g KH, 8 g BST

+ Zucchini putzen und waschen, Möhren putzen und schälen. Beide Gemüse mit dem Spiralschneider in spaghettidünne Streifen schneiden. Die Frühlingszwiebeln putzen, waschen und in dünne, etwa 4 cm lange Streifen schneiden. Die Chilischote längs halbieren, putzen, waschen und in feine Streifen schneiden. Ingwer und Knoblauch schälen und fein würfeln. Die Garnelen in einem Sieb abbrausen, abtropfen lassen und trocken tupfen.

+ In einer großen Pfanne oder im Wok 2 EL Öl erhitzen und Garnelen, Chili, Ingwer und Knoblauch darin unter Rühren anbraten. Zucchini, Möhren und Frühlingszwiebeln mit dem übrigen Öl dazugeben und unter Rühren 2 bis 3 Minuten mitbraten. Die Sojasauce hinzufügen und alles einmal kurz aufkochen. Dann die Garnelen-Gemüse-Mischung in eine Salatschüssel füllen und mit dem Limettensaft würzen.

+ Zum Servieren die Erdnüsse grob hacken. Das Koriandergrün waschen, trocken schütteln und die Blätter abzupfen. Den Asia-Salat auf Teller verteilen und mit Erdnüssen und Koriandergrün bestreuen.

Zoodles – die kalorienarme Pasta-Alternative

Wer statt normaler Pasta aus Weizenmehl Gemüsespaghetti um die Gabel wickelt, spart Kohlenhydratkalorien ein. Zoodles bestehen hauptsächlich aus Wasser, damit sind sie leicht und ideal zum Abnehmen. Gleichzeitig punkten sie mit reichlich Ballast- und Mineralstoffen, Vitaminen und bioaktiven Substanzen. Mit diesem Nährstoffprofil sind sie normalen stärkehaltigen Nudeln gewaltig überlegen. Denn diese wirken sich mit ihren schnell verdaulichen Kohlenhydraten ungünstig auf die Figur und den Stoffwechsel aus, weil sie ein ständiges Auf und Ab des Blutzuckers auslösen.

Krabben-Eierkuchen-Wraps

Frisch gerollt mit knackigen Gurken, grünem Salat und Chilifrischkäse sorgen die kohlenhydratarmen Wraps für eine leicht verschärfte Pause.

Für 2 Personen
Zubereitungszeit: 30 Minuten

4 Eier (Größe L)
Salz, Pfeffer aus der Mühle
2 TL Rapskernöl
2 EL Frischkäse (Halbfettstufe)
1 EL Joghurt (1,5 % Fett)
1 TL Chilisauce
100 g Nordseekrabben (vorgegart und geschält; aus dem Kühlregal)
½ Mini-Romanasalat (ca. 50 g)
1 Mini-Salatgurke

Nährwerte pro Portion:
ca. 310 kcal, 29 g EW, 19 g F, 5 g KH, 1 g BST

+ Den Backofen auf 80 °C vorheizen. Die Eier mit Salz und Pfeffer in einer Schüssel mit einem Schneebesen verquirlen.

+ In einer kleinen beschichteten Pfanne (ca. 24 cm Durchmesser) 1 TL Öl erhitzen. Die Hälfte der Eiermasse hineingießen und durch Schwenken der Pfanne gleichmäßig darin verteilen. Den Eierkuchen mit geschlossenem Deckel bei mittlerer Hitze etwa 1 Minute stocken lassen, dann wenden und noch 1 Minute backen. Herausnehmen und im Ofen warm halten. Die übrige Eiermasse zu einem weiteren Eierkuchen verarbeiten und ebenfalls warm halten.

+ Für die Füllung Frischkäse, Joghurt und Chilisauce verrühren, mit Salz und Pfeffer würzen. Die Krabben in einem Sieb abbrausen, abtropfen lassen und untermischen.

+ Vom Salat die äußeren Blätter entfernen. Den Salat in die einzelnen Blätter teilen, waschen, trocken schleudern und in feine Streifen schneiden. Die Gurke waschen, längs halbieren und mit einem Löffel entkernen. Die Gurkenhälften quer in dünne Scheiben schneiden.

+ Zum Servieren die Eierkuchen-Wraps jeweils mit etwas Salat, Gurken und Krabbenmischung belegen, dabei einen Rand von etwa 2 cm frei lassen. Die Wraps vorsichtig aufrollen und schräg halbieren.

Tierisch gutes Eiweiß

Mit Eiern, Krabben und Frischkäse sind diese Wraps wahre Eiweißbomben. Das Eiweiß stammt in erster Linie aus tierischen Lebensmitteln – diese kann der Körper besser verwerten als Pflanzenproteine. Das liegt an der ähnlichen Zusammensetzung der Aminosäuren. Kann ein Zuviel an Eiweiß zu Nebenwirkungen führen? Ja, wenn man zu wenig trinkt. Leber und Nieren sind für den Aminosäureabbau zuständig. Je mehr Eiweiß man aufnimmt, umso intensiver müssen diese Organe arbeiten. Dazu benötigen vor allem die Nieren viel Wasser.

Linsen-Gurken-Salat mit Makrele

Fix zubereitet und ein perfektes To-go-Gericht: Räuchermakrele sorgt bei diesem Salat für die gewisse Würze und steuert wertvolles Eiweiß und gute Fette bei.

Für 2 Personen
Zubereitungszeit: 25 Minuten

150 g Linsen (aus der Dose)
½ Salatgurke
½ Bund Radieschen
3 Frühlingszwiebeln
1 kleiner Radicchio (ca. 125 g)
2 EL Rotweinessig
1 EL Aceto balsamico
1 TL scharfer Senf
Salz, Pfeffer aus der Mühle
3 EL Olivenöl
150 g geräuchertes Pfeffermakrelenfilet (mit Haut)
½ Beet Kresse

Nährwerte pro Portion:
ca. 420 kcal, 16 g EW, 34 g F, 11 g KH, 4 g BST

+ Die Linsen in einem Sieb abgießen, kalt abbrausen und abtropfen lassen. Die Gurke waschen, längs halbieren, mit einem Löffel entkernen und die Hälften quer in dünne Scheiben schneiden. Die Radieschen putzen, waschen und in feine Scheiben schneiden.

+ Die Frühlingszwiebeln putzen, waschen und in dünne Ringe schneiden. Den Radicchio putzen, waschen, längs halbieren und den harten Strunk entfernen, die Radicchiohälften in etwa 2 cm breite Streifen schneiden.

+ In einer Salatschüssel beide Essigsorten, 3 EL Wasser, Senf, Salz und Pfeffer verquirlen. Das Öl nach und nach unterschlagen. Linsen, Gurke, Radieschen, Frühlingszwiebeln und Radicchio dazugeben und mit der Vinaigrette mischen. Mit Salz und Pfeffer abschmecken.

+ Zum Servieren die Makrelenfilets häuten, den dunklen Teil entfernen und die Filets in 1 bis 2 cm breite Streifen schneiden. Den Salat auf Teller verteilen und die Makrelenstücke daraufsetzen. Die Kresse vom Beet schneiden, waschen, trocken schütteln und darüberstreuen.

Linsen-Weisheiten zum Thema Abnehmen

Die kleinen Hülsenfrüchte sind eine Top-Quelle für pflanzliches Eiweiß mit einer hohen biologischen Wertigkeit (siehe Seite 18). Außerdem liefern sie neben komplexen Kohlenhydraten auch jede Menge Ballaststoffe. Deshalb ist ihr glykämischer Index sehr niedrig (GI 30). Das bedeutet, dass der Blutzuckerspiegel nach dem Verzehr von Linsen nicht abrupt in die Höhe schießt, sondern nur langsam ansteigt – deshalb wird auch weniger Insulin ausgeschüttet. Der Hunger bleibt länger gestillt und die Fettverbrennung läuft gleichmäßiger.

Blitz-Asia-Suppe mit Stremellachs

Diese leichte, exotische Suppe auf Basis einer würzigen Gemüsebrühe wärmt Sie schnell auf: ein heißer Löffel-Hit mit Pak Choi, Shiitake-Pilzen und Chilischärfe.

Für 2 Personen
Zubereitungszeit: 25 Minuten

20 g Ingwer
1 Knoblauchzehe
1 kleine rote Chilischote
¾ l glutenfreie Gemüsebrühe
1 Sternanis
300 g Baby-Pak-Choi
3 Frühlingszwiebeln
80 g Shiitake-Pilze
250 g Stremellachs (mit Haut)
3 Stiele Koriandergrün
1 Stiel Minze
1–2 TL Limettensaft
1 EL Fischsauce
Salz, Pfeffer aus der Mühle

Nährwerte pro Portion:
ca. 370 kcal, 31 g EW, 21 g F, 14 g KH, 5 g BST

+ Den Ingwer schälen, erst in dünne Scheiben, dann in feine Streifen schneiden. Den Knoblauch schälen und in dünne Scheiben schneiden. Die Chilischote längs halbieren, putzen, waschen und in feine Streifen schneiden.

+ Ingwer, Knoblauch und Chili mit der Brühe und dem Sternanis in einem Topf aufkochen und offen bei milder Hitze etwa 10 Minuten köcheln lassen.

+ Inzwischen den Pak Choi putzen, waschen und vierteln bzw. in grobe Stücke schneiden. Die Frühlingszwiebeln putzen, waschen und schräg in dünne Ringe schneiden. Die Shiitake-Pilze putzen und, falls nötig, trocken abreiben, die Stiele entfernen, größere Hüte halbieren.

+ Pak Choi, Frühlingszwiebeln und Pilze in der Würzbrühe etwa 5 Minuten köcheln lassen. Inzwischen den Lachs häuten, in grobe Stücke zupfen und auf tiefe Teller oder Schalen verteilen.

+ Zum Servieren die Kräuter waschen, trocken schütteln und die Blätter abzupfen. Die Suppe mit Limettensaft, Fischsauce, Salz und Pfeffer abschmecken und über den Lachs geben, mit den Kräutern garnieren.

Gut, scharfwürzig und gesund

Für dieses Rezept standen vietnamesische Suppen Pate, die dort gerne schon morgens gelöffelt werden. Kein Wunder, denn ihnen werden kräftigende Wirkungen zugeschrieben. Sie stärken das Immunsystem, helfen bei Verdauungsproblemen und Gewürze wie Ingwer, Knoblauch und Sternanis regen den Stoffwechsel und die Fettverbrennung an. Zudem bringt ihre Chilischärfe den Körper nicht nur ins Schwitzen, sondern verbrennt auch viele Kalorien.

Hähnchen-Curry-Salat mit Mango

Mango und Kichererbsen geben diesem Sattmachersalat eine exotische Note. Curry und Ingwer sorgen für Würze und bringen den Stoffwechsel auf Touren.

Für 2 Personen
Zubereitungszeit: 25 Minuten

½ kleiner Spitzkohl (ca. 300 g)
Salz
200 g Möhren
½ reife Mango (ca. 250 g)
1 kleine Dose Kichererbsen (80 g Abtropfgewicht)
1 Zwiebel
10 g Ingwer
4 EL Rapskernöl
½–1 TL mildes Currypulver
2 EL Limettensaft
Pfeffer aus der Mühle
60 g Hähnchenbrustaufschnitt (in dünnen Scheiben)

Nährwerte pro Portion:
ca. 400 kcal, 15 g EW, 23 g F, 30 g KH, 10 g BST

+ Vom Spitzkohl die äußeren Blätter entfernen, die Kohlhälfte halbieren und den harten Strunk entfernen, den Kohl in feine Streifen schneiden. Mit etwas Salz bestreuen und mit den Händen etwa 2 Minuten verkneten, dann ziehen lassen.

+ Inzwischen die Möhren putzen, schälen und längs halbieren. Die Hälften schräg in feine Scheiben schneiden oder auf der Gemüsereibe fein hobeln. In einem Topf mit kochendem Salzwasser etwa 1 Minute blanchieren. In ein Sieb abgießen, kalt abschrecken und abtropfen lassen.

+ Die Mango schälen, das Fruchtfleisch auf den flachen Seiten erst vom Stein, dann in dünne Scheiben schneiden. Die Kichererbsen in ein Sieb abgießen, kalt abbrausen und abtropfen lassen.

+ Zwiebel und Ingwer schälen, fein würfeln und in einer Pfanne in 1 EL Öl bei mittlerer Hitze glasig dünsten. Mit dem Currypulver bestäuben, kurz mitdünsten. Dann Limettensaft und 4 EL Wasser dazugießen und das Dressing in eine Salatschüssel füllen, mit Salz und Pfeffer würzen und das übrige Öl unterschlagen.

+ Spitzkohl, Möhren, Mango und Kichererbsen vorsichtig unter das Dressing mischen. Den Hähnchenaufschnitt in etwa 1 cm breite Streifen schneiden und unter den Salat heben. Zum Servieren den Salat auf Teller verteilen.

Süße Exotin mit Fatburner-Potenzial

Mango bringt Fettpölsterchen zum Schmelzen – das haben neueste Studien an der Oklahoma State University ergeben. Der Schlüssel dafür ist das Hormon Leptin, das unsere Zellen zur Fettproduktion anregt. Je höher seine Konzentration im Blut ist, desto mehr Fett tragen wir auf der Hüfte. Mango reduziert die Produktion von Leptin. Vorsicht ist bei bekannter Allergie gegen Cashewkerne oder Pistazien geboten, denn Mangos sind aus botanischer Sicht mit den beiden Steinfrüchten verwandt. Und Finger weg von getrockneter Mango – sie ist (auch ohne Zuckerzusatz) eine wahre Zuckerbombe!

Roastbeefröllchen auf Asia-Salat

Raffiniert gewickelt: Außen lockt zartes Rindfleisch, innen überrascht eine knackige Gemüsefüllung. Dazu ist der Blattsalat mit Sesam-Dressing die perfekte Begleitung.

Für 2 Personen
Zubereitungszeit: 30 Minuten

je 1 kleine gelbe und rote Paprikaschote
60 g Linsensprossen (aus dem Kühlregal)
8–10 dünne Scheiben Roastbeefaufschnitt (ca. 160 g)
1½ EL Chilisauce
2½ EL helle Sesamsamen
2 EL saure Sahne (10 % Fett)
2 EL Reisessig (ersatzweise Apfelessig)
2 EL glutenfreie Sojasauce (z. B. Tamari)
1 TL geröstetes Sesamöl
Salz, Pfeffer aus der Mühle
½ Kopfsalat (ca. 200 g)
100 g Rettich
4 Stiele Koriandergrün

Nährwerte pro Portion:
ca. 330 kcal, 33 g EW, 16 g F, 10 g KH, 7 g BST

+ Die Paprikaschoten vierteln, putzen, waschen und längs in feine Streifen schneiden. Die Sprossen in einem Sieb abbrausen und gut abtropfen lassen. Die Roastbeefscheiben nebeneinander auf die Arbeitsfläche legen und dünn mit der Chilisauce bestreichen. Jeweils mit Paprikastreifen und Sprossen belegen und fest aufrollen.

+ Für das Dressing den Sesam in einer Pfanne ohne Fett bei mittlerer Hitze kurz rösten. Herausnehmen und abkühlen lassen. ½ EL Sesamsamen zum Garnieren beiseitestellen, den Rest im Mörser fein zermahlen. Mit saurer Sahne, Essig, Sojasauce, Sesamöl und 3 bis 4 EL Wasser in einer kleinen Schüssel verrühren. Mit Salz und Pfeffer abschmecken.

+ Vom Salat die äußeren Blätter entfernen. Den Salat in die einzelnen Blätter teilen, waschen, trocken schleudern und in mundgerechte Stücke zupfen. Den Rettich putzen, schälen und in feine Stifte schneiden. Das Koriandergrün waschen, trocken schütteln und die Blätter abzupfen.

+ Zum Servieren den Salat und den Rettich auf Teller verteilen. Die Roastbeefröllchen daraufsetzen und alles mit dem Dressing beträufeln. Mit dem Koriandergrün und dem beiseitegestellten Sesam bestreuen.

Fettarmer Bratenaufschnitt – top ohne Brot!

Auch beim Rind gibt es magere Stücke, die fast genauso fettarm sind wie Hähnchenbrust- oder Putenschinkenaufschnitt, zum Beispiel Roastbeef. Mit einem Eiweißgehalt von etwa 22 Gramm pro 100 Gramm sättigt es hervorragend und verfügt über eine hohe biologische Wertigkeit, sodass es optimal in körpereigenes Protein umgewandelt werden kann. Außerdem ist das fettarme Rindfleisch eine gute Quelle für Eisen – wichtig für die Sauerstoffaufnahme und den Sauerstofftransport, für die Zellfunktionen und den gesamten Energiestoffwechsel.

Gemüse-Eier-Muffins mit Schinken

Ob solo als Snack für unterwegs oder mit einem Salat gegen den kleinen Hunger: Mit diesen Muffins liegen sie goldrichtig. Sie versorgen uns mit viel Eiweiß und Kalzium.

Für 10 Stück
Zubereitungszeit: 25 Minuten
Backen: 25 Minuten

10 Muffin-Papierbackförmchen oder Fett für das Blech
100 g italien. Hartkäse (z. B. Grana padano; am Stück)
100 g Putenschinkenaufschnitt (in dünnen Scheiben)
1 kleine rote Paprikaschote
80 g kleine Champignons
2 Frühlingszwiebeln
1 EL Olivenöl
5 Eier (Größe M)
100 g saure Sahne (10 % Fett)
50 g teilentöltes Mandelmehl
Salz, Pfeffer aus der Mühle
1 TL getrockneter Thymian

Nährwerte pro Stück:
ca. 160 kcal, 11 g EW, 11 g F, 2 g KH, 1 g BST

+ Backofen auf 200 °C vorheizen. Zehn Mulden eines 12er-Muffinblechs mit Papierförmchen auslegen oder einfetten.

+ Den Käse fein reiben. Den Schinken in kleine Würfel schneiden. Die Paprika vierteln, putzen, waschen und in etwa ½ cm große Würfel schneiden. Die Champignons putzen, falls nötig, trocken abreiben und in dünne Scheiben schneiden. Die Frühlingszwiebeln putzen, waschen und in dünne Ringe schneiden.

+ Das Öl in einer Pfanne erhitzen und die Pilze und Frühlingszwiebeln darin bei mittlerer Hitze etwa 2 Minuten andünsten. Vom Herd nehmen und abkühlen lassen.

+ Eier und saure Sahne mit Mandelmehl, Salz und Pfeffer in einer Rührschüssel mit den Quirlen des Handrührgeräts cremig rühren. Käse, Schinken, Paprikawürfel, Pilzmischung und Thymian unterrühren. Die Masse auf die Mulden des Muffinblechs verteilen und im Ofen auf der mittleren Schiene etwa 25 Minuten backen.

+ Die Muffins herausnehmen und auf einem Kuchengitter etwa 5 Minuten abkühlen lassen, dann aus den Mulden lösen und weiter abkühlen lassen. Die Muffins lauwarm oder kalt servieren. Dazu schmeckt ein Tomaten-Rucola-Salat mit Vinaigrette.

Eiermuffins gegen Fast-Food-Gelüste

Muffins müssen nicht immer süß und High Carb sein. Mit Eiern, Schinken, Käse und teilentöltem Mandelmehl versorgen sie uns mit einer Extraportion Eiweiß und machen lange satt, ohne schwer im Magen zu liegen. Das Beste: Sie lassen sich am Vortag einfach und schnell zubereiten. Zwei Muffins und ein Salat to go – und das Low-Carb-Mittagessen im Büro ist geritzt!

Notfall-Snacks

Was soll man zwischendurch essen, wenn plötzlich der kleine Hunger kommt? Denken Sie immer daran: Eiweiß sättigt am besten. Hier meine Favoriten für zu Hause und unterwegs.

Gemüsesticks mit Kräuterquark
1 Möhre, 150 g Kohlrabi und 150 g rote Paprikaschote putzen, schälen bzw. waschen und in Streifen schneiden. 200 g Magerquark mit 1 EL tiefgekühlter Kräutermischung (z. B. italienisch) verrühren, mit Salz und Pfeffer aus der Mühle würzen. Mit den Gemüsesticks genießen.

Für 2 Personen
Pro Portion:
ca. 110 kcal, 15 g EW, 0 g F, 9 g KH, 3 g BST

Würzige Edamame
125 g tiefgekühlte Edamame-Bohnen in kochendem Salzwasser etwa 5 Minuten garen. In ein Sieb abgießen, kalt abschrecken und abtropfen lassen. Die Kerne aus den Schoten lösen, trocken tupfen und mit ½ TL Salz, Pfeffer aus der Mühle und ¼ TL gemahlener Kurkuma mischen.

Für 2 Personen
Pro Portion:
ca. 60 kcal, 5 g EW, 2 g F, 5 g KH, 2 g BST

Marinierter Harzer
100 g Harzer Rolle etwa 1 cm groß würfeln. 100 g Gewürzgurke klein würfeln. Beides mit Salz, Pfeffer aus der Mühle und 1 EL Balsamico bianco mischen.

Für 2 Personen
Pro Portion:
ca. 80 kcal, 15 g EW, 0 g F, 2 g KH, 0 g BST

Tomaten-Mozzarella-Spieße
4 Cocktailtomaten, 4 Mini-Mozzarellakugeln und 4 schwarze Oliven (z. B. Kalamata; ohne Stein) abwechselnd mit 4 Basilikumblättern auf 2 Holzspieße stecken. Salzen und pfeffern, mit 1 EL Olivenöl beträufeln.

Für 2 Personen
Pro Portion:
ca. 120 kcal, 4 g EW, 10 g F, 2 g KH, 2 g BST

Puten-Gurken-Röllchen
100 g körnigen Frischkäse (Halbfettstufe) mit Salz, Pfeffer aus der Mühle und ¼ TL edelsüßem Paprikapulver verrühren, den Mix auf 6 Scheiben Putenschinkenaufschnitt (ca. 100 g) verstreichen. 1 Mini-Salatgurke waschen, längs halbieren, entkernen und längs in dünne Streifen schneiden. Auf den Putenscheiben verteilen und die Scheiben fest aufrollen.

Für 2 Personen
Pro Portion:
ca. 90 kcal, 13 g EW, 3 g F, 2 g KH, 0 g BST

Diese Snacks helfen unterwegs und passen in jede (Hand-)Tasche:
1 hart gekochtes Ei, 1 Handvoll Mandeln oder Nusskerne (z. B. Cashews, Haselnuss-, Walnuss-, Kürbis-, Pistazienkerne), 50 g Feta- oder Hartkäsewürfel, 1 Handvoll Oliven, 50 g Pastrami oder luftgetrockneter Schinken. Um eine Süßhungerattacke abzuwenden, genügt meist ein kleines Stück Bitterschokolade (mind. 70 % Kakaoanteil).

Warme Gerichte

Hier können Sie nach Herzenslust zulangen: Bei den warmen Hauptgerichten – ob vegetarisch oder mit Fisch und Fleisch – sparen wir zwar an Carbs, aber nicht am Genuss. Sie schmecken auch ohne Reis oder Nudeln als Beilagen und liegen nicht schwer im Magen. Mit Halloumi-Gemüse-Spießen, Lachs mit Fenchelpüree oder Hähnchen-Spargel-Pfanne kommt leichte Abwechslung auf den Teller.

Halloumi-Gemüse-Spieße mit Zaziki

Mediterranes Glück mit zypriotischem Grillkäse, viel Gemüse und würzigem Gurkenquark: ein Top-Sattmacher, der nicht nur Vegetarier begeistert.

Für 2 Personen
Zubereitungszeit: 30 Minuten
Grillen: 8 Minuten

6 Holz-Schaschlik- oder Saté-Spieße
1 Pck. Halloumi (225 g)
1 kleine rote Zwiebel
je 1 kleine rote und gelbe Paprikaschote
100 g kleine Champignons
1 EL Olivenöl
1 TL getrockneter Thymian
1 TL getrockneter Oregano
Salz, Pfeffer aus der Mühle
¼ TL Pul Biber (Chiliflocken)
150 g griech. Joghurt (5 % Fett)
125 g Magerquark
½ Salatgurke (ca. 200 g)
1 kleine Knoblauchzehe
5 Stiele Dill

Nährwerte pro Portion:
ca. 620 kcal, 45 g EW, 43 g F, 11 g KH, 5 g BST

+ Die Holzspieße in kaltem Wasser einweichen. Den Halloumi in etwa 2 cm große Würfel schneiden. Die Zwiebel schälen und in Spalten schneiden. Die Paprikaschoten vierteln, putzen, waschen und in etwa 2½ cm große Stücke schneiden. Die Champignons putzen und, falls nötig, trocken abreiben.

+ Halloumi, Zwiebel, Paprika und Pilze abwechselnd auf die Spieße stecken. Das Öl mit Thymian, Oregano, Salz, Pfeffer und Pul Biber verrühren. Die Spieße damit rundum bestreichen und etwa 10 Minuten ziehen lassen.

+ Inzwischen Joghurt und Quark verrühren, salzen und pfeffern. Die Gurke waschen, streifig schälen und längs halbieren. Die Hälften mit einem Löffel entkernen und auf der Gemüsereibe grob raspeln. Die Raspel mit Küchenpapier trocken tupfen und unter den Joghurtquark rühren. Den Knoblauch schälen und dazupressen. Den Dill waschen, trocken schütteln, die Spitzen abzupfen, fein hacken und unter das Zaziki rühren.

+ Den Backofengrill einschalten. Die Spieße auf das Ofengitter setzen und unter dem Backofengrill auf der obersten Schiene etwa 8 Minuten grillen, dabei nach der Hälfte der Garzeit vorsichtig wenden. (Alternativ die Spieße in einer Grillpfanne bei starker Hitze rundum braten.)

+ Zum Servieren das Zaziki nochmals durchrühren, mit Salz und Pfeffer würzen, mit den Spießen auf Tellern anrichten.

Grillkäse bunt kombiniert

Halloumi ist nicht nur für Vegetarier eine beliebte Alternative zum Grillfleisch. Der feste Käse, der aus Schafs-, Ziegen- und/oder Kuhmilch hergestellt wird, ist allerdings kein „Leichtgewicht". Trotzdem können Sie Halloumi ohne schlechtes Gewissen genießen. Entscheidend ist dann aber die „Partnerwahl". Achten Sie auf eine gute Mischung aus Carbs mit niedrigem glykämischem Index, Fett und Proteinen. Servieren Sie statt üppiger Nudel- und Kartoffelsalate viel Gemüse und einen Quark-Dip dazu. Gemüse hat wenig Kalorien, steuert aber viele Ballaststoffe und Vitamine bei.

Romanesco-„Risotto" mit Pilzen und Tomaten

Der grüne Bruder des Blumenkohls macht auch als Reis-Alternative eine gute Figur: Gehackt und gedünstet ist er absolut abnehmtauglich.

Für 2 Personen
Zubereitungszeit: 30 Minuten

1 Romanesco (ca. 800 g; ersatzweise Blumenkohl)
1 Zwiebel
1 Knoblauchzehe
4 EL Olivenöl
Salz, Pfeffer aus der Mühle
300 ml glutenfreie Gemüsebrühe
250 g Champignons
150 g Cocktailtomaten
1 TL fein gehackter Thymian
½ Bund Petersilie
2 EL Schmand (24 % Fett)
40 g geriebener Parmesan

Nährwerte pro Portion:
ca. 460 kcal, 21 g EW, 33 g F, 14 g KH, 13 g BST

+ Den Romanesco putzen, waschen und in Röschen teilen. Die Röschen im Blitzhacker portionsweise etwa auf Reiskorngröße zerkleinern. Zwiebel und Knoblauch schälen und fein würfeln.

+ In einem großen Topf 2 EL Öl erhitzen und Zwiebel und Knoblauch darin bei mittlerer Hitze 2 bis 3 Minuten andünsten. Den zerkleinerten Romanesco dazugeben und kurz mitdünsten, mit Salz und Pfeffer würzen. Die Brühe dazugießen, alles aufkochen und offen bei mittlerer Hitze 10 bis 12 Minuten köcheln lassen.

+ Inzwischen die Champignons putzen, falls nötig, trocken abreiben und vierteln. Die Tomaten waschen und halbieren. Das übrige Öl in einer Pfanne erhitzen und die Pilze darin bei mittlerer bis starker Hitze 3 bis 4 Minuten braun anbraten. Die Tomaten hinzufügen und kurz mitbraten, mit Salz, Pfeffer und Thymian würzen.

+ Die Petersilie waschen, trocken schütteln, die Blätter abzupfen und fein hacken. Den Schmand und 20 g Parmesan zum „Risotto" geben und alles nochmals kurz erhitzen, mit Salz und Pfeffer abschmecken.

+ Zum Servieren das „Risotto" auf Teller verteilen und Pilze und Tomaten daraufsetzen. Mit der Petersilie und übrigem Parmesan bestreuen.

Bioaktive Powerpakete

Wer sich kohlenhydratarm und ballaststoffreich ernährt und pro Tag mindestens fünf Handvoll Gemüse und Obst verzehrt, nimmt ein reiches Spektrum an sekundären Pflanzenstoffen zu sich. Diese Mikronährstoffe können das Risiko für einige Krebserkrankungen senken und vor Herz-Kreislauf-Erkrankungen schützen. Tomaten punkten zum Beispiel mit Lycopin, einem Farbstoff, der stark antioxidativ wirkt. Und in grünem Gemüse wie Romanesco sind reichlich Zeaxanthin und Lutein enthalten – Carotinoide, die altersbedingte Augenerkrankungen aufhalten können.

Grüne Shakshuka

Der israelische Klassiker muss nicht immer rot sein – als grüne Variante mit Paprika, Erbsen, Spinat und Kräutern ist er schnell gemacht und perfekt zu jeder Tageszeit.

Für 2 Personen
Zubereitungszeit: 30 Minuten

3 Frühlingszwiebeln
2 Knoblauchzehen
1 grüne Paprikaschote
150 g tiefgekühlte Erbsen
250 g junger Spinat
je 2 Stiele Basilikum, Koriandergrün und Petersilie
2 EL Olivenöl
½ TL gemahlener Kreuzkümmel
Salz, Pfeffer aus der Mühle
80 g Ziegenfrischkäse
3 EL Milch (3,5 % Fett)
2 TL Zitronensaft
2 Eier (Größe L)
½ TL Pul Biber (Chiliflocken)

Nährwerte pro Portion:
ca. 400 kcal, 23 g EW, 22 g F, 21 g KH, 10 g BST

+ Die Frühlingszwiebeln putzen, waschen und in dünne Ringe schneiden. Den Knoblauch schälen und fein würfeln. Die Paprika vierteln, putzen, waschen und etwa 1 cm groß würfeln. Die Erbsen antauen lassen. Den Spinat verlesen, waschen und trocken schleudern, dabei grobe Blätter entfernen. Die Kräuter waschen, trocken schütteln, die Blätter abzupfen und fein hacken.

+ Frühlingszwiebeln und Knoblauch in einer großen Pfanne im Öl 1 bis 2 Minuten anbraten. Mit Kreuzkümmel, Salz und Pfeffer würzen. Paprika und Erbsen hinzufügen und bei mittlerer Hitze 3 bis 4 Minuten mitbraten. Den Spinat dazugeben und mit geschlossenem Deckel 2 bis 3 Minuten zusammenfallen lassen. Die Hälfte der Kräuter untermischen.

+ Den Frischkäse mit der Milch glatt rühren, zum Gemüse gießen und alles einmal aufkochen. Mit Salz, Pfeffer und Zitronensaft abschmecken. Mit einem großen Löffel zwei Mulden in das Gemüse drücken. Die Eier aufschlagen und jeweils in eine Mulde gleiten lassen. Alles mit geschlossenem Deckel bei milder bis mittlerer Hitze noch 10 bis 12 Minuten garen, bis die Eier gestockt sind. Zum Servieren die Shakshuka in der Pfanne auf dem Tisch anrichten. Mit Pul Biber und übrigen Kräutern bestreuen.

Zarte Blätter verjagen Heißhunger

Essen Sie reichlich Spinat – dann klappt es mit dem Abnehmen. Der in Spinat enthaltene Stoff Thylakoid verlangsamt nämlich den Verdauungsprozess und gibt dem Darm genug Zeit, unserem Gehirn die Botschaft zu senden, dass wir satt sind. Das grüne Blattgemüse bremst den Heißhunger um fast 95 Prozent aus! Der Körper spürt das Verlangen nach Süßem oder Fast Food gar nicht erst. Das hat eine Studie an der schwedischen Lund-Universität ergeben. Übrigens: Sie können Spinat auch gerne roh im Salat oder auf Brot essen.

Bunter Gemüseschmarren

Möhren, Paprika und Zuckerschoten bringen knackigen Biss in den fluffigen Teig, der mit proteinreichem Kichererbsenmehl auf figurfreundlich getrimmt wird.

Für 2 Personen
Zubereitungszeit: 30 Minuten

150 g Möhren
1 kleine rote Paprikaschote
100 g Zuckerschoten
3 Frühlingszwiebeln
2 Eier (Größe M)
Salz
60 g Kichererbsenmehl
½ TL Weinsteinbackpulver
Pfeffer aus der Mühle
½ TL rosenscharfes Paprikapulver
6 EL Milch (3,5 % Fett)
1 EL Rapskernöl
2 TL Butter
2 Stiele Basilikum

Nährwerte pro Portion:
ca. 400 kcal, 19 g EW, 19 g F, 36 g KH, 11 g BST

+ Die Möhren putzen, schälen, längs halbieren und schräg in dünne Scheiben schneiden. Die Paprika vierteln, putzen, waschen und klein würfeln. Die Zuckerschoten putzen, waschen und schräg in etwa 1 cm breite Streifen schneiden. Die Frühlingszwiebeln putzen, waschen und schräg in etwa 1 cm breite Stücke schneiden.

+ Die Eier trennen. Die Eiweiße mit 1 Prise Salz mit den Quirlen des Handrührgeräts steif schlagen. Das Kichererbsenmehl mit dem Backpulver in einer Rührschüssel mischen. Die Eigelbe mit Salz, Pfeffer, Paprikapulver und Milch zur Mehlmischung geben und mit einem Schneebesen gut unterrühren. Zuletzt den Eischnee dazugeben – dazu erst ein Drittel mit dem Schneebesen untermischen, dann den Rest mit einem Teigschaber vorsichtig unterheben.

+ Öl und Butter in einer beschichteten Pfanne (ca. 24 cm Durchmesser) erhitzen und Möhren und Paprika darin bei mittlerer Hitze etwa 2 Minuten braten. Zuckerschoten und Frühlingszwiebeln hinzufügen und etwa 2 Minuten mitbraten, salzen und pfeffern. Den Teig darübergießen und alles mit geschlossenem Deckel bei milder bis mittlerer Hitze 5 bis 7 Minuten stocken lassen. Dann den Pfannkuchen vierteln, wenden und weitere 5 Minuten braten.

+ Zum Servieren das Basilikum waschen, trocken schütteln, die Blätter abzupfen und grob hacken. Den Schmarren grob zerzupfen, auf Teller verteilen und mit dem Basilikum bestreuen.

Kichererbsenmehl als Mehlersatz

Mehl aus gegarten, fein gemahlenen Kichererbsen ist eine glutenfreie Alternative zu Weizen- oder Dinkelmehl und ein hervorragendes Bindemittel. Mit etwa 20 Prozent Eiweiß zeichnet sich das leicht nussige Hülsenfruchtmehl durch einen vergleichsweise hohen Proteingehalt aus – damit wirkt es regulierend auf den Blutzuckerspiegel. Auch Ballaststoffe, Vitamine und Mineralstoffe sind in Kichererbsensenmehl reichlich enthalten.

Rosenkohl-Curry mit Sesam-Tofu

Schön rund in Optik und Geschmack: Rosenkohl und Kichererbsen tummeln sich mit knackigen Möhren in cremiger Kokos-Curry-Sauce. Knuspriger Tofu sorgt für reichlich Eiweiß.

Für 2 Personen
Zubereitungszeit: 30 Minuten

1 Zwiebel
1 Knoblauchzehe
400 g Rosenkohl
200 g Möhren
100 g Kichererbsen (aus der Dose)
2 EL raffiniertes Sesamöl
2 TL mittelscharfes Currypulver
100 ml glutenfreie Gemüsebrühe
200 ml Kokosmilch
Salz, Pfeffer aus der Mühle
200 g Tofu
1 EL helle Sesamsamen
1–2 TL Limettensaft

Nährwerte pro Portion:
ca. 560 kcal, 30 g EW, 33 g F, 30 g KH, 15 g BST

+ Zwiebel und Knoblauch schälen und in feine Würfel schneiden. Den Rosenkohl putzen und die äußeren Blätter entfernen. Den Rosenkohl waschen und den Strunk jeweils kreuzweise einschneiden, größere Köpfe halbieren. Die Möhren putzen, schälen und schräg in etwa ½ cm dicke Scheiben schneiden. Die Kichererbsen in ein Sieb abgießen, kalt abbrausen und abtropfen lassen.

+ In einem Topf 1 EL Öl erhitzen und Zwiebel und Knoblauch darin bei mittlerer Hitze glasig dünsten. Rosenkohl, Möhren und Currypulver dazugeben und etwa 2 Minuten mitdünsten. Brühe und Kokosmilch dazugießen, salzen und pfeffern. Alles mit geschlossenem Deckel aufkochen und etwa 5 Minuten bei mittlerer Hitze garen. Dann die Kichererbsen hinzufügen und alles noch etwa 5 Minuten köcheln lassen.

+ Inzwischen den Tofu in etwa 2 cm große Würfel schneiden. Den Sesam auf einem Teller verteilen und den Tofu darin rundum wälzen. Das übrige Öl in einer beschichteten Pfanne erhitzen und den Sesam-Tofu darin bei mittlerer bis starker Hitze rundum etwa 5 Minuten goldbraun braten.

+ Zum Servieren das Curry mit Salz, Pfeffer und Limettensaft abschmecken und auf Schalen oder tiefe Teller verteilen. Den Sesam-Tofu daraufsetzen.

Eiweißreiche Fleisch-Alternative aus Asien

Auch wenn Sojaprodukte inzwischen umstritten sind, gilt Tofu – in Maßen verzehrt – als eine der besten pflanzlichen Eiweißquellen. Einmal pro Woche kann man den Proteinbedarf damit sehr gut decken. Der angenehme Nebeneffekt: Tofu sättigt lang anhaltend und steuert wertvolle Nährstoffe wie essenzielle Aminosäuren, ungesättigte Fettsäuren, Vitamine (B-Vitamine, Vitamin E), aber auch Eisen, Phosphor, Natrium und Kalium zur Ernährung bei.

Gemüsebratlinge mit Kräuterquark

Fleisch vermisst hier keiner! Die leckeren Veggie-Buletten lassen sich gut vorbereiten und schmecken warm oder kalt.

Für 2 Personen
Zubereitungszeit: 35 Minuten

400 g Zucchini
150 g Möhren
1 Frühlingszwiebel
Salz
250 g Magerquark
100 g Joghurt (3,5 % Fett)
Pfeffer aus der Mühle
1–2 TL Zitronensaft
½ Bund Petersilie
½ Bund Schnittlauch
80 g geriebener Bergkäse (mind. 30 % Fett i. Tr.)
2 Eier (Größe M)
2 EL Olivenöl

Nährwerte pro Portion:
ca. 520 kcal, 45 g EW, 29 g F, 17 g KH, 5 g BST

+ Die Zucchini putzen und waschen, die Möhren putzen und schälen, beides auf der Gemüsereibe grob raspeln. Die Frühlingszwiebel putzen, waschen und klein würfeln. Alles mit ½ TL Salz mischen und etwa 10 Minuten ziehen lassen.
+ Inzwischen Quark und Joghurt in einer Schüssel cremig verrühren, mit Salz, Pfeffer und Zitronensaft würzen. Petersilie und Schnittlauch waschen, trocken schütteln, die Blätter abzupfen und fein hacken, den Schnittlauch in feine Röllchen schneiden. Die Kräuter unter den Quark rühren.
+ Die Gemüsemischung in einem sauberen Küchentuch kräftig ausdrücken. In einer Rührschüssel mit Käse, Eiern, Salz und Pfeffer gründlich mischen.
+ Das Öl in einer großen beschichteten Pfanne erhitzen. Aus der Gemüsemasse mit angefeuchteten Händen 6 Buletten formen und in der Pfanne bei mittlerer Hitze auf jeder Seite etwa 5 Minuten goldbraun braten. Herausnehmen und auf Küchenpapier kurz abtropfen lassen.
+ Zum Servieren die Gemüsebratlinge auf Teller setzen und den Kräuterquark dazu reichen.

Nahrungsproteine clever kombinieren

Eier, Quark, Joghurt und Käse sind tierische Lebensmittel von hoher biologischer Wertigkeit (siehe Seite 18). Isst man sie zusammen mit pflanzlichen Zutaten wie Gemüse, Kartoffeln oder Hülsenfrüchten, ergänzen sich die pflanzlichen und tierischen Proteine mit ihren Aminosäure-„Bausteinen". So kann ein Mangel oder Überschuss ausgeglichen und die Eiweißqualität erhöht werden.

Ofen-Feta auf Ratatouille

Kohlenhydratarm, aromareich und perfekt kombiniert: Buntes Gemüse mit kräuterwürzigem Schafskäse aus dem Ofen schmeckt wie Urlaub am Mittelmeer.

Für 2 Personen
Zubereitungszeit: 25 Minuten
Garen: 30 Minuten

1 Aubergine (ca. 300 g)
1 Zucchini (ca. 175 g)
je 1 rote und gelbe Paprikaschote
1 weiße Zwiebel
1 Knoblauchzehe
2½ EL Olivenöl
Salz, Pfeffer aus der Mühle
½ TL edelsüßes Paprikapulver
1 TL getrocknete Kräuter der Provence
4 Tomaten
150 g Feta (Schafskäse; mind. 45 % Fett i. Tr.)
2 Zweige Oregano

Nährwerte pro Portion:
ca. 450 kcal, 19 g EW, 32 g F, 17 g KH, 9 g BST

+ Den Backofen auf 200 °C vorheizen. Dabei eine Auflaufform (ca. 22 x 15 cm) auf der mittleren Schiene mit erhitzen.

+ Aubergine und Zucchini putzen, waschen und in etwa 2 cm große Stücke schneiden. Die Paprikaschoten vierteln, putzen, waschen und in etwa 2 cm große Stücke schneiden. Die Zwiebel schälen, halbieren und in feine Streifen schneiden. Den Knoblauch schälen und fein würfeln.

+ In einer Schüssel 2 EL Öl, Salz, Pfeffer, Paprikapulver und Kräuter verrühren und das Gemüse untermischen. Die Auflaufform aus dem Ofen nehmen, das Gemüse darin verteilen und im Ofen auf der mittleren Schiene etwa 15 Minuten garen.

+ Inzwischen die Tomaten waschen und in Spalten schneiden, dabei die Stielansätze entfernen. Feta quer halbieren. Nach 15 Minuten Garzeit die Tomaten auf dem Gemüse verteilen und den Feta daraufsetzen. Alles mit dem übrigen Öl beträufeln und im Ofen noch etwa 15 Minuten garen.

+ Zum Servieren den Oregano waschen, trocken schütteln und die Blätter abzupfen. Das Ofengemüse mit dem Feta aus dem Ofen nehmen, auf Teller verteilen und mit den Oreganoblättchen bestreuen.

Schlank dank mediterraner Mischkost

Viel frisches Gemüse, Kräuter, Knoblauch und kalt gepresstes Olivenöl – die Mittelmeerküche bietet viele gesunde Zutaten mit wertvollen Inhaltsstoffen, die das Risiko für Herz-Kreislauf-Erkrankungen verringern. Und wir sollten immer langsam und entspannt essen wie die Südeuropäer, das hilft beim Abnehmen. Denn wer sich keine Zeit nimmt, verpasst oft das natürliche Sättigungsgefühl des Körpers und nimmt so unnötig viele Kalorien zu sich.

Lachs mit Fenchelpüree und Tomaten

Steht in einem halben Stündchen auf dem Tisch: Fenchelpüree, Lachs und Tomaten sind ein Dream-Team für „Leicht"-Matrosen und bringen einen Hauch Italien in die Küche.

Für 2 Personen
Zubereitungszeit: 30 Minuten

2 Fenchelknollen (à ca. 200 g)
120 g vorwiegend festkochende Kartoffeln
1 Zwiebel
2 EL Olivenöl
Salz, Pfeffer aus der Mühle
125 ml glutenfreie Gemüsebrühe
200 g Cocktailtomaten
1 Knoblauchzehe
2 Lachsfilets (à ca. 150 g)
1 EL saure Sahne (10 % Fett)

Nährwerte pro Portion:
ca. 500 kcal, 35 g EW, 30 g F, 19 g KH, 6 g BST

+ Den Fenchel putzen, waschen und das zarte Grün beiseitelegen. Knollen vierteln und den harten Strunk entfernen, die Viertel in grobe Stücke schneiden. Kartoffeln schälen und etwa 2 cm groß würfeln. Zwiebel schälen und fein würfeln.

+ In einem Topf 1 EL Öl erhitzen und Fenchel, Kartoffeln und Zwiebel darin bei mittlerer Hitze etwa 5 Minuten andünsten. Mit Salz und Pfeffer würzen und die Brühe dazugießen. Alles mit geschlossenem Deckel aufkochen und bei mittlerer Hitze 15 bis 20 Minuten weich garen.

+ Inzwischen den Backofen auf 80 °C vorheizen. Die Tomaten waschen und halbieren. Knoblauch schälen und fein würfeln. Lachs waschen und trocken tupfen, salzen und pfeffern.

+ Das übrige Öl in einer beschichteten Pfanne erhitzen und den Lachs darin bei starker Hitze etwa 2 Minuten auf jeder Seite anbraten. Anschließend bei milder Hitze etwa 5 Minuten weiterbraten, dabei zwischendurch wenden. Den Lachs herausnehmen und auf einem Teller im Ofen warm halten. Tomaten und Knoblauch in die Pfanne geben und im Bratfett bei mittlerer Hitze etwa 1 Minute braten. Salzen und pfeffern.

+ Zum Servieren die saure Sahne zum Fenchel-Mix geben und alles im Topf mit dem Stabmixer fein pürieren. Mit Salz und Pfeffer abschmecken. Das beiseitegelegte Fenchelgrün fein hacken. Den Lachs mit Fenchelpüree und Tomaten auf Teller verteilen und mit dem Fenchelgrün bestreuen.

Fatburner trotz vieler Kalorien

Frischer Lachs hat zwar mehr Kalorien als manch anderer Fisch (etwa 210 Kalorien pro 100 Gramm), trotzdem hilft er beim Abnehmen. Denn die Omega-3-Fettsäuren im Lachs können den Fettabbau im Körper mit anstoßen (siehe Seite 86). Außerdem wirken sie sich positiv auf das Herz-Kreislauf-System aus. Wichtig scheint dafür aber zu sein, dass man täglich mehr als 2000 Milligramm Omega-3-Fettsäuren zu sich nimmt. Perfekt ist beispielsweise die Kombination Lachs und viel Gemüse; weniger gut sind kohlenhydrathaltige Beilagen und sahnige Saucen.

Backfisch mit Radieschen-Gurken-Salat

Knusprig auf Low Carb getrimmt: Kabeljau begeistert in einem Teigmantel aus Mandelmehl auch Kinder. Perfekt dazu: ein frischer Salat mit Dilljoghurt.

Für 2 Personen
Zubereitungszeit: 35 Minuten

30 g teilentöltes Mandelmehl
Salz
¼ TL Johannisbrotkernmehl
125 ml Mineralwasser (mit Kohlensäure)
1 Ei (Größe M)
150 g Joghurt (3,5 % Fett)
2 EL Milch (3,5 % Fett)
1 EL Zitronensaft
Pfeffer aus der Mühle
½ Bund Dill
2 Mini-Salatgurken (ca. 250 g)
1 Bund Radieschen
2 Kabeljaufilets (à ca. 160 g)
2 EL Rapskernöl

Nährwerte pro Portion:
ca. 450 kcal, 41 g EW, 26 g F, 10 g KH, 4 g BST

+ Für den Ausbackteig das Mandelmehl mit ½ TL Salz und dem Johannisbrotkernmehl in einer Rührschüssel mischen. Dann Mineralwasser und Ei mit einem Schneebesen unterrühren, den Teig etwa 10 Minuten quellen lassen.

+ Inzwischen den Joghurt mit Milch und Zitronensaft glatt verrühren, mit Salz und Pfeffer würzen. Den Dill waschen, trocken schütteln, die Spitzen abzupfen, fein hacken und unter das Dressing mischen.

+ Die Gurken waschen und längs halbieren. Die Gurkenhälften in etwa 1 cm breite Stücke schneiden. Die Radieschen putzen, waschen und vierteln. Gurken und Radieschen mit dem Joghurt-Dressing mischen.

+ Die Fischfilets waschen, trocken tupfen und jeweils quer halbieren. Die Fischstücke rundum salzen und pfeffern. Das Öl in einer beschichteten Pfanne erhitzen. Den Teig nochmals durchrühren, die Fischstücke durch den Teig ziehen, kurz abtropfen lassen und in der Pfanne bei mittlerer Hitze auf jeder Seite etwa 4 Minuten hellbraun braten. Herausnehmen und auf Küchenpapier kurz abtropfen lassen.

+ Zum Servieren den Backfisch auf Teller verteilen und den Radieschen-Gurken-Salat daneben anrichten. Nach Belieben mit Dillspitzen garnieren.

Wertvolles Spurenelement

Essen Sie mindestens ein- bis zweimal pro Woche Seefisch. Mit weniger als 1 Prozent führen Kabeljau, Seelachs, Schellfisch und Zander die Liste der fettarmen Fische an. Sie liefern dem Körper reichlich sättigendes Eiweiß mit wertvollen Adminosäuren und Jod. Das Spurenelement Jod benötigt unsere Schilddrüse, um ausreichend Hormone zu bilden und unseren Stoffwechsel zu regulieren. Ein Jodmangel kann sich schnell negativ auf die Figur auswirken: Bei einer dadurch entstehenden Unterfunktion der Schilddrüse nimmt man zu.

Mandelfisch auf Bohnen-Artischocken-Gemüse

Hier wird raffiniert gewürzter Rotbarsch mit Petersilien-Mandel-Mus kombiniert: genau das Richtige, wenn man sich mit mediterraner Leichtigkeit satt essen will.

Für 2 Personen
Zubereitungszeit: 30 Minuten

2 Rotbarschfilets (à ca. 180 g)
Salz, Pfeffer aus der Mühle
4 Stiele Petersilie
8 Zweige Thymian
1 EL helles Mandelmus
300 g grüne Bohnen
1 Zwiebel
1 Knoblauchzehe
1 Dose Artischockenherzen (240 g Abtropfgewicht)
300 g Tomaten
1 EL Olivenöl
40 g schwarze Oliven (z. B. Kalamata; ohne Stein)

Nährwerte pro Portion:
ca. 470 kcal, 42 g EW, 20 g F, 18 g KH, 18 g BST

+ Die Fischfilets waschen, trocken tupfen, salzen und pfeffern. Petersilie und Thymian waschen, trocken schütteln, die Blätter abzupfen und getrennt fein hacken. Die Petersilie und die Hälfte des Thymians mit dem Mandelmus mischen und die Fischfilets damit rundum bestreichen.

+ Bohnen putzen, waschen, schräg halbieren und in kochendem Salzwasser 6 bis 7 Minuten bissfest garen. In ein Sieb abgießen, kalt abschrecken und abtropfen lassen.

+ Inzwischen die Zwiebel schälen, halbieren und in feine Streifen schneiden. Den Knoblauch schälen und fein würfeln. Die Artischockenherzen abtropfen lassen und vierteln. Die Tomaten waschen und in Spalten schneiden, dabei die Stielansätze entfernen.

+ Das Öl in einer großen Pfanne erhitzen und die Zwiebel darin bei mittlerer Hitze glasig dünsten. Knoblauch, Artischocken und Tomaten dazugeben und alles mit Salz, Pfeffer und dem übrigen Thymian würzen. Die Oliven hinzufügen und alles mit geschlossenem Deckel bei mittlerer Hitze noch etwa 2 Minuten schmoren.

+ Anschließend die grünen Bohnen unter das Gemüse mischen, die Fischfilets daraufsetzen und mit geschlossenem Deckel bei mittlerer Hitze 7 bis 8 Minuten garen. Zum Servieren den Fisch mit dem Gemüse auf Tellern anrichten.

Verdauungshelfer und Stoffwechsel-Booster

Artischocken sind gesunde Alleskönner: Sie enthalten Vitamin B_1, Eisen und vor allem reichlich Bitterstoffe (etwa 6 Prozent). Darauf ist auch ihr leicht bitterer Geschmack zurückzuführen. Bitterstoffe wie Cynaropikrin regen die Produktion von Magensekret an und fördern den Gallenfluss, so kommt die gesamte Verdauung in Schwung. Vor allem für die Verdauung von Fett ist Galle wichtig – weshalb die Artischocke als echter Fatburner gilt. Außerdem hält das edle Gemüse lange satt. Der Grund: Inulin, ein löslicher Ballaststoff, hilft, den Blutzuckerspiegel zu regulieren, und bremst Heißhunger.

Garnelen-Spinat-Pfanne mit Blumenkohlstampf

So schnell und fein kann's beim Abnehmen gehen: in Knoblauchöl chilischarf gebratene Garnelen auf gedünstetem Spinat. Mit Blumenkohlstampf und geröstetem Sesam serviert.

Für 2 Personen
Zubereitungszeit: 30 Minuten

2 EL helle Sesamsamen
400 g Blumenkohl (geputzt)
200 g Knollensellerie
3 EL Olivenöl
100 ml glutenfreie Gemüsebrühe
200 g rohe geschälte Garnelen (frisch oder tiefgekühlt und aufgetaut)
1 rote Chilischote
1 Knoblauchzehe
3 Frühlingszwiebeln
400 g junger Spinat
Salz
1 EL Aceto balsamico
Pfeffer aus der Mühle

Nährwerte pro Portion:
ca. 430 kcal, 33 g EW, 23 g F, 15 g KH, 15 g BST

+ Sesam in einer Pfanne ohne Fett bei mittlerer Hitze hell rösten. Herausnehmen und abkühlen lassen. Blumenkohl putzen, waschen und in Röschen teilen, Stiele schälen und grob würfeln. Sellerie putzen, schälen und etwa 2 cm groß würfeln.

+ In einem Topf 1 EL Öl erhitzen und Blumenkohl und Sellerie darin bei mittlerer Hitze 2 bis 3 Minuten andünsten. Die Brühe dazugießen und alles mit geschlossenem Deckel bei mittlerer Hitze etwa 20 Minuten dünsten.

+ Inzwischen Garnelen in einem Sieb abbrausen und abtropfen lassen. Chili längs halbieren, putzen, waschen und in Ringe schneiden. Knoblauch schälen, fein würfeln. Frühlingszwiebeln putzen, waschen und in dünne Ringe schneiden. Spinat verlesen, waschen, trocken schütteln, grobe Stiele entfernen.

+ In einer großen Pfanne 1 EL Öl erhitzen und die Garnelen darin mit Chili und Knoblauch bei mittlerer bis starker Hitze auf jeder Seite etwa 2 Minuten braten. Herausnehmen und salzen. Übriges Öl in der Pfanne erhitzen und die Frühlingszwiebeln darin 1 bis 2 Minuten braten. Den Essig dazugießen, den Spinat hinzufügen und zugedeckt 2 bis 3 Minuten zusammenfallen lassen. Salzen und pfeffern, die Garnelen wieder hinzufügen und mit erwärmen.

+ Zum Servieren die Blumenkohlmischung samt Brühe im Topf mit dem Stabmixer grob pürieren, mit Salz und Pfeffer abschmecken. Den Stampf mit den Spinat-Garnelen auf Tellern anrichten und mit dem Sesam bestreuen.

Der perfekte Sattmacher

Ein Püree aus Blumenkohl ist eine echte Alternative zu herkömmlichem Kartoffelbrei: Es enthält kaum Kohlenhydrate und Fett, wenig Kalorien, wichtige Vitamine (z. B. Folsäure und Vitamin C) und Mineralstoffe wie Kalium. Darüber hinaus ist es eine gute Ballaststoffquelle und sorgt so für eine lang anhaltende Sättigung. Wenn man Blumenkohlpüree als Beilage zu fettarmen Eiweißträgern (wie Garnelen) serviert, ist das ideal, um ein paar Pfunde zu verlieren. Wer sich geschmacklich erst noch an den Kohl gewöhnen möchte, kombiniert zunächst Kartoffeln und Blumenkohl als Püree.

Feiner Fisch-Gemüse-Topf

Unser Genießereintopf mit Heilbutt, Krabben und reichlich Gemüse hat es in sich. Reich an Eiweiß hält er lange satt und hilft mit wenig Kalorien beim Abnehmen.

Für 2 Personen
Zubereitungszeit: 30 Minuten

1 kleine Zwiebel
1 Knoblauchzehe
½ TL Fenchelsamen
250 g Butternusskürbis
1 kleine Fenchelknolle
1 dünne Stange Lauch
75 g Champignons
2 EL Olivenöl
Salz, Pfeffer aus der Mühle
600 ml glutenfreie Gemüsebrühe
250 g weißes Heilbuttfilet
½ Bund Petersilie
1 EL Zitronensaft
50 g Nordseekrabben (vorgegart und geschält; aus dem Kühlregal)

Nährwerte pro Portion:
ca. 380 kcal, 36 g EW, 19 g F, 13 g KH, 7 g BST

+ Zwiebel und Knoblauch schälen und fein würfeln. Die Fenchelsamen im Mörser grob zerdrücken. Den Kürbis schälen und die Kerne mit einem Löffel entfernen. Den Fenchel putzen, waschen und halbieren, den harten Strunk entfernen. Beides in etwa 1 cm große Würfel schneiden. Den Lauch putzen, waschen, das Weiße und Hellgrüne schräg in etwa 1 cm breite Scheiben schneiden. Die Pilze putzen, falls nötig, trocken abreiben und vierteln.

+ Das Öl in einem Topf erhitzen und Zwiebel und Knoblauch darin mit den zerdrückten Fenchelsamen bei mittlerer Hitze glasig dünsten. Kürbis, Fenchel, Lauch und Pilze dazugeben und 1 bis 2 Minuten mitdünsten, mit Salz und Pfeffer würzen. Die Brühe dazugießen, alles aufkochen und mit geschlossenem Deckel bei mittlerer Hitze etwa 10 Minuten garen.

+ Inzwischen das Fischfilet waschen, trocken tupfen und in etwa 3 cm große Stücke schneiden. Die Petersilie waschen, trocken schütteln, die Blätter abzupfen und fein hacken. Den Fisch mit Petersilie und Zitronensaft mischen, nach etwa 10 Minuten Garzeit zum Fischeintopf geben und alles mit geschlossenem Deckel bei milder Hitze noch etwa 5 Minuten ziehen lassen.

+ Zum Servieren die Krabben in einem Sieb abbrausen und abtropfen lassen. Den Fischeintopf mit Salz und Pfeffer abschmecken, auf Schalen oder tiefe Teller verteilen und mit den Krabben bestreuen.

Fenchel – die tolle Knolle

Es gibt gute Gründe, öfter Fenchel zu essen: Er ist kalorienarm (ca. 19 Kalorien pro 100 Gramm), liefert reichlich Ballaststoffe und Pflanzenprotein. Die enthaltenen Bitterstoffe regen die Produktion der Sekrete in Magen und Galle an, hemmen jedoch das Verlangen nach Süßem. Außerdem stecken in den Knollen die Mineralstoffe Kalzium, Kalium, Magnesium und Eisen und Vitamine wie Provitamin A, Vitamin C und Folsäure. Sein typisches Anisaroma kommt vom ätherischen Öl der Samen (mit Anethol, Menthol und Fenchon), das bei Magen-Darm-Beschwerden beruhigend wirkt.

Hähnchen-Spargel-Pfanne mit Brokkoli-„Reis“

Grün gibt hier den Ton an: Spargel und Zuckerschoten haben in zartem Hähnchen und gedünstetem Low-Carb-„Reis“ die perfekten Partner gefunden.

Für 2 Personen
Zubereitungszeit: 30 Minuten

500 g grüner Spargel
100 g Zuckerschoten
Salz
100 g Cocktailtomaten
100 g Crème légère (15 % Fett)
½ TL Johannisbrotkernmehl
Pfeffer aus der Mühle
2 Hähnchenbrustfilets (à ca. 150 g)
300 g Brokkoliröschen
2 EL Rapskernöl
1–2 TL Zitronensaft
½ Beet Kresse

Nährwerte pro Portion:
ca. 460 kcal, 49 g EW, 19 g F, 17 g KH, 12 g BST

+ Den Spargel waschen, im unteren Drittel schälen und die holzigen Enden abschneiden. Spargel schräg in etwa 4 cm lange Stücke schneiden. Die Zuckerschoten putzen, waschen und schräg halbieren. Den Spargel in kochendem Salzwasser etwa 4 Minuten garen. Die Zuckerschoten etwa 1 Minute mitgaren. 50 ml Kochwasser abnehmen und beiseitestellen, Spargel und Zuckerschoten in ein Sieb abgießen, kalt abschrecken und abtropfen lassen.

+ Inzwischen die Tomaten waschen und halbieren. Die Crème légère mit Johannisbrotkernmehl, Salz und Pfeffer verrühren. Das Fleisch waschen, trocken tupfen und in etwa ½ cm dicke Scheiben schneiden. Salzen und pfeffern.

+ Brokkoli putzen, waschen und im Blitzhacker portionsweise etwa auf Reiskorngröße zerkleinern. 50 ml Wasser in einem Topf aufkochen und leicht salzen. Brokkoli darin mit geschlossenem Deckel bei mittlerer Hitze etwa 10 Minuten dünsten.

+ Inzwischen das Fleisch in einer großen Pfanne im Öl unter Wenden 2 bis 3 Minuten hellbraun braten. Spargel und Zuckerschoten dazugeben und 2 bis 3 Minuten mitbraten. Tomaten, Spargelkochwasser und Cremeмischung unterrühren. Alles noch 1 bis 2 Minuten köcheln lassen, bis die Sauce leicht andickt, mit Salz, Pfeffer und Zitronensaft abschmecken.

+ Zum Servieren Kresse vom Beet schneiden, waschen und trocken schütteln. Brokkoli-„Reis“ kurz ausdampfen lassen, dann mit Spargel-Hähnchen-Pfanne anrichten, mit Kresse bestreuen.

Edle Stangen mit Detox-Effekt

Spargel besteht zu 93 Prozent aus Wasser und liefert im Verhältnis zu seinem Gewicht nur wenig Kalorien – etwa 20 Kalorien pro 100 Gramm. Das macht ihn zum idealen Diät-Gemüse. Zudem enthält Spargel reichlich Kalium (wichtig für die Funktion der Nervenreizleitung) und die Aminosäure Asparagin, die entwässernd wirkt und so den Organismus entlastet.

Grünkohl-Schinken-Tortilla

Zum Rundum-glücklich-Essen: Eier und Kohl garen mit Zwiebeln und Parmesan im Ofen und versorgen uns mit einer ordentlichen Portion Eiweiß und Vitamin C.

Für 2 Personen
Zubereitungszeit: 30 Minuten
Garen: 15 Minuten

1 Zwiebel
400 g tiefgekühlter Grünkohl (aufgetaut)
80 g Putenschinkenaufschnitt (in dünnen Scheiben)
50 g getrocknete Tomaten (in Öl)
5 Eier (Größe M)
5 EL Milch (3,5 % Fett)
Salz, Pfeffer aus der Mühle
2 EL Olivenöl
½ TL getrockneter Majoran
30 g geriebener Parmesan

Nährwerte pro Portion:
ca. 540 kcal, 44 g EW, 32 g F, 13 g KH, 11 g BST

+ Den Backofen auf 200 °C vorheizen. Die Zwiebel schälen, halbieren und in feine Streifen schneiden. Den Grünkohl in einem Sieb mit den Händen kräftig ausdrücken. Den Putenschinken in kleine Würfel schneiden. Die getrockneten Tomaten abtropfen lassen und klein würfeln.

+ Die Eier mit Milch, Salz und Pfeffer in einer Rührschüssel mit einem Schneebesen verquirlen. Das Öl in einer ofenfesten beschichteten Pfanne (ca. 24 cm Durchmesser) erhitzen und die Zwiebel darin bei mittlerer Hitze glasig dünsten.

+ Den Grünkohl dazugeben und etwa 5 Minuten mitdünsten, dann kräftig mit Salz, Pfeffer und Majoran würzen. Den Schinken und die Tomaten untermischen und die Eiermilch gleichmäßig über den Grünkohl-Mix gießen. Alles bei milder bis mittlerer Hitze noch etwa 2 Minuten stocken lassen.

+ Dann die Tortilla mit dem Parmesan bestreuen und im Ofen auf der mittleren Schiene noch 10 bis 15 Minuten stocken lassen. Die Tortilla aus dem Ofen nehmen und etwa 5 Minuten abkühlen lassen. Dann in Stücke schneiden und auf Teller verteilen. Dazu passt ein Blattsalat.

Der Megastar unter den Kohlsorten

Grünkohl ist ein echtes Superfood und eine der gesündesten Gemüsesorten überhaupt. Er liefert jede Menge Vitamin A, C und K, wichtige Mineralstoffe wie Kalium und Magnesium sowie sekundäre Pflanzenstoffe und Antioxidanzien. Gerade wenn man abnehmen möchte, ist der Winterkohl die perfekte Zutat, da die in ihm enthaltenen Bitterstoffe den Hormonhaushalt stimulieren und den Heißhunger auf Süßes ausbremsen. Außerdem steckt er voller Ballaststoffe, die die Verdauung anregen und für ein nachhaltiges Sättigungsgefühl sorgen.

Chili con Tatar

Der mexikanische Eintopf mit viel Gemüse und Kidneybohnen ist ein echter Sattmacher und Seelenwärmer. Der Clou hier: die Zubereitung mit magerem Hackfleisch.

Für 2 Personen
Zubereitungszeit: 30 Minuten

1 rote Paprikaschote
1 Möhre (ca. 80 g)
1 Zwiebel
2 Knoblauchzehen
½ rote Chilischote
2 EL Olivenöl
250 g Tatar (Schabefleisch)
1 TL gemahlener Kreuzkümmel
½ TL edelsüßes Paprikapulver
Salz, Pfeffer aus der Mühle
1 Dose stückige Tomaten (400 g)
300 ml glutenfreie Gemüsebrühe
1 Dose Kidneybohnen
(240 g Abtropfgewicht)
4 Stiele Petersilie
2 EL saure Sahne (10 % Fett)

Nährwerte pro Portion:
ca. 420 kcal, 35 g EW, 21 g F, 17 g KH, 9 g BST

+ Die Paprika vierteln, putzen, waschen und in etwa 1 cm große Stücke schneiden. Die Möhre putzen, schälen und klein würfeln. Zwiebel und Knoblauch schälen und fein würfeln. Chilischote putzen, waschen und in feine Ringe schneiden.

+ Das Öl in einem Topf erhitzen und das Tatar darin unter Wenden etwa 3 Minuten krümelig anbraten. Paprika, Möhre, Zwiebel, Knoblauch und Chili dazugeben und alles noch 1 bis 2 Minuten mitbraten.

+ Dann Kreuzkümmel und Paprikapulver, Salz und Pfeffer hinzufügen und kurz anrösten. Tomatenstücke und Brühe dazugeben, alles aufkochen und mit geschlossenem Deckel bei milder bis mittlerer Hitze etwa 15 Minuten köcheln lassen.

+ Inzwischen die Bohnen in ein Sieb abgießen, kalt abbrausen und abtropfen lassen. Zuletzt zum Chili geben und alles noch etwa 5 Minuten mitgaren.

+ Zum Servieren die Petersilie waschen, trocken schütteln, die Blätter abzupfen und fein hacken. Das Chili nochmals mit Salz und Pfeffer abschmecken und auf tiefe Teller verteilen. Jeweils mit 1 EL saurer Sahne und der Petersilie garnieren.

Chili con Carne als leichter Fitmacher

Von wegen Dickmacher! In unserer „schlanken" Rezeptvariante des Klassikers stecken viele Proteine: tierisches Eiweiß aus magerem Rindfleisch und pflanzliches Eiweiß aus Kidneybohnen. Außerdem liefert der scharfe Eintopf jede Menge Ballaststoffe aus Gemüse und Hülsenfrüchten, die den Blutzuckerspiegel konstant halten und über einen langen Zeitraum hinweg sättigen. Gesunde Nährstoffe wie Kalium, Magnesium und Eisen sorgen zusätzlich für Power.

Scharfer Gurken-Puten-Wok

Gurke, Paprika und Putenschnitzel gehen hier mit Ingwer, Sambal-Schärfe und Sojasauce auf Fernostreise. Schmeckt unglaublich lecker, auch ohne Begleitung von Reis oder Nudeln.

Für 2 Personen
Zubereitungszeit: 30 Minuten

2 EL ungesalzene Erdnusskerne
1 Salatgurke (ca. 400 g)
1 rote Paprikaschote
1 kleine Zwiebel
20 g Ingwer
1 Knoblauchzehe
100 g frische Mungobohnensprossen
2 Putenschnitzel (ca. 300 g)
3 EL raffiniertes Sesamöl
100 ml glutenfreie Hühnerbrühe
3 EL glutenfreie Sojasauce
(z. B. Tamari)
½–1 TL Sambal oelek
¼ TL Johannisbrotkernmehl

Nährwerte pro Portion:
ca. 380 kcal, 19 g EW, 28 g F,
10 g KH, 6 g BST

+ Die Erdnüsse grob hacken und in einer Pfanne ohne Fett bei mittlerer Hitze hell rösten. Herausnehmen und auf einem Teller abkühlen lassen.

+ Die Gurke waschen, streifig schälen, längs halbieren und mit einem Löffel entkernen. Die Gurkenhälften quer in etwa 1 cm breite Stücke schneiden. Die Paprika vierteln, putzen, waschen und in feine Streifen schneiden. Zwiebel, Ingwer und Knoblauch schälen und getrennt fein würfeln. Die Sprossen in einem Sieb abbrausen und gut abtropfen lassen. Das Fleisch waschen, trocken tupfen und quer in etwa 1 cm breite Streifen schneiden.

+ In einem Wok oder einer schweren Pfanne 2 EL Öl stark erhitzen und das Fleisch darin unter Rühren etwa 3 Minuten braten, herausnehmen. Gurke, Paprika und Zwiebel mit dem übrigen Öl in den Wok geben, unter Rühren etwa 3 Minuten bei starker Hitze braten. Zuletzt Ingwer, Knoblauch und Sprossen hinzufügen und etwa 1 Minute mitbraten.

+ Brühe, Sojasauce und ½ TL Sambal oelek mit dem Johannisbrotkernmehl gründlich verrühren und zum Gemüse geben, das Fleisch wieder hinzufügen. Alles aufkochen und bei milder Hitze noch 2 bis 3 Minuten köcheln lassen, bis die Sauce leicht andickt. Zum Servieren den Wok mit dem übrigen Sambal oelek abschmecken und auf Teller verteilen. Mit den Erdnüssen bestreuen.

Der Überflieger unter den Fleischsorten

Reichlich Eiweiß (ca. 25 Prozent) und wenig Fett (ca. 1 Prozent) machen die Pute zum idealen Abnehmhelfer. Außerdem enthält vor allem Geflügelfleisch viel Tryptophan – ein Eiweißbaustein, den der Körper braucht, um daraus das Gute-Laune-Hormon Serotonin zu produzieren. Achten Sie beim Einkauf auf Qualität: Die Markierung D-D-D weist darauf hin, dass die Pute in Deutschland geschlüpft ist, hier aufgezogen und verarbeitet wurde. Auch Bio-Putenfleisch schmeckt man die besondere Aufzucht an. Es ist oft aromatischer, saftiger und wegen geringer Antibiotikagabe auch gesünder.

Meal-Prep

„Essen vorkochen" ist einfach genial: Man bereitet in Ruhe beispielsweise Kräuter-Pesto, Ofengemüse oder Tomaten-Sugo zu – und hat dann, wenn's schnell gehen soll, tolle Basic-Zutaten im Kühlschrank oder im Tiefkühler, mit denen man blitzschnell etwas Gesundes auf den Tisch zaubern kann. Hier werden aus den Basics jeweils zwei verschiedene Gerichte für je 2 Personen zubereitet – für sofort, für abends oder auch als Lunch to go fürs Büro.

Es grünt so grün: Brokkoli-Variationen

Brokkoli gehört zu den heimischen Superfoods. Er ist vor allem ein Top-Vitamin-C-Lieferant und hat dank seiner Senfölglykoside eine krebsvorbeugende Wirkung. Wie gut, dass Sie hier aus dem grünen Küchenstar zwei Gerichte auf einen Streich zaubern können.

Für 4 Portionen (ca. 800 g)
Zubereitungszeit: 15 Minuten

Nährwerte pro Portion:
ca. 50 kcal, 6 g EW, 0 g F, 4 g KH, 5 g BST

In einem Topf reichlich Salzwasser aufkochen. 1 kg Brokkoli putzen, waschen und in Röschen teilen. Den Strunk schälen und in kleine Würfel schneiden. Den Brokkoli im kochenden Salzwasser 3 bis 4 Minuten bissfest garen. In ein Sieb abgießen, kalt abschrecken und gut abtropfen lassen.

Brokkolibratlinge mit Kürbiskernquark

Für 2 Personen
Zubereitungszeit: 30 Minuten

400 g gegarter Brokkoli (½ Rezept links), 2 Eier (Größe M)
80 g zarte Haferflocken
30 g geriebener Parmesan
½ TL getrockneter Thymian
Salz, Pfeffer aus der Mühle
1 EL Kürbiskerne
½ Bund Petersilie
250 g Magerquark
150 g Joghurt (1,5 % Fett)
1 EL Olivenöl

Nährwerte pro Portion:
ca. 580 kcal, 50 g EW, 24 g F, 38 g KH, 10 g BST

+ Den gegarten Brokkoli in einem hohen Rührbecher mit dem Stabmixer grob zerkleinern. Eier, Haferflocken, Parmesan und Thymian dazugeben, alles gut mischen und mit Salz und Pfeffer würzen. Die Masse etwa 10 Minuten ruhen lassen.

+ Inzwischen die Kürbiskerne in einer Pfanne ohne Fett bei mittlerer Hitze hell rösten. Herausnehmen und kurz abkühlen lassen. Petersilie waschen, trocken schütteln, Blätter abzupfen und fein hacken. Quark und Joghurt mit Kürbiskernen, Petersilie und 1 EL Wasser cremig rühren, salzen und pfeffern.

+ Aus der Masse mit angefeuchteten Händen 6 Bratlinge formen und in einer großen beschichteten Pfanne im Öl bei mittlerer Hitze auf jeder Seite 2 bis 3 Minuten braten.

+ Herausnehmen, auf Küchenpapier abtropfen und abkühlen lassen. Die Bratlinge mit dem Dip servieren. Zum Mitnehmen beides separat in Frischhalteboxen packen. Die Bratlinge kann man auch einfrieren, den Dip nicht.

Brokkolicremesuppe mit Hackbällchen

Für 2 Personen
Zubereitungszeit: 30 Minuten

400 g gegarter Brokkoli (½ Rezept links)
2 Schalotten, 2 EL Olivenöl
2 TL Dinkelvollkornmehl
½ l Gemüsebrühe
50 g Sahne
125 g mageres Rinderhackfleisch
2 EL Eiweiß
Salz, Pfeffer aus der Mühle
50 g junger Spinat
2 TL Zitronensaft

Nährwerte pro Portion:
ca. 450 kcal, 24 g EW, 32 g F, 12 g KH, 8 g BST

+ 80 g gegarten Brokkoli beiseitelegen. Die Schalotten schälen, fein würfeln und in einem Topf in 1 EL Öl bei mittlerer Hitze glasig dünsten. Übrigen Brokkoli (320 g) dazugeben, mit Mehl bestäuben und etwa 1 Minute andünsten. Brühe und Sahne dazugießen, alles aufkochen und mit geschlossenem Deckel bei mittlerer Hitze 5 bis 6 Minuten garen.

+ Inzwischen das Hackfleisch mit Eiweiß, Salz und Pfeffer gut mischen und daraus mit angefeuchteten Händen 8 Bällchen formen. In einer beschichteten Pfanne im übrigen Öl bei mittlerer Hitze etwa 5 Minuten rundum hellbraun braten. Herausnehmen und auf Küchenpapier abtropfen lassen.

+ Den Spinat verlesen, waschen und trocken schütteln, dabei grobe Stiele entfernen. Zur Suppe geben und alles im Topf mit dem Stabmixer glatt pürieren. Mit Salz, Pfeffer und Zitronensaft abschmecken. Die Suppe mit den Hackbällchen und den beiseitegelegten Brokkoliröschen in tiefen Tellern servieren. Oder abkühlen lassen und zum Mitnehmen separat in Boxen füllen. Wer will, friert beides ein.

Ofengemüse und mehr

Essen Sie bunt – kein Problem mit diesen Rezepten, die auch Gemüsemuffel begeistern werden! Wenn Sie im Ofen geröstete Paprika, Zucchini, Auberginen und Blumenkohl parat haben, sind zwei leckere Mahlzeiten mit Fisch oder Halloumi in null Komma nichts fertig.

Für 4 Portionen (ca. 1,2 kg)
Zubereitungszeit: 30 Minuten
Rösten: 20 Minuten

Nährwerte pro Portion:
ca. 170 kcal, 6 g EW, 11 g F, 9 g KH, 6 g BST

Den Backofen auf 220 °C vorheizen. Ein Backblech mit Backpapier belegen. 4 EL Olivenöl mit 2 TL Harissa (Chilipaste), Salz und Pfeffer aus der Mühle in einer Schüssel verrühren. 1 Aubergine (400 g) und 2 Zucchini (400 g) putzen, waschen, längs vierteln bzw. halbieren und in etwa 1½ cm breite Stücke schneiden. Je 1 gelbe und rote Paprikaschote vierteln, putzen, waschen und in etwa 2 cm große Stücke schneiden. 400 g Blumenkohl putzen, waschen und in Röschen teilen. 100 g Schalotten schälen und halbieren. Alles mit dem Harissa-Öl mischen, auf dem Blech verteilen und im Ofen auf der mittleren Schiene etwa 20 Minuten rösten. Herausnehmen und abkühlen lassen.

Ofengemüse-Salat mit Halloumi

Für 2 Personen
Zubereitungszeit: 20 Minuten

150 g bunte Cocktailtomaten
5 Stiele Petersilie
40 g schwarze Oliven
(z.B. Kalamata; ohne Stein)
2 EL Balsamico bianco
Salz, Pfeffer aus der Mühle
600 g Ofengemüse (½ Rezept links)
150 g Halloumi
½ EL Olivenöl, 1 EL Salzmandeln

Nährwerte pro Portion:
ca. 560 kcal, 29 g EW, 41 g F,
14 g KH, 9 g BST

+ Die Tomaten waschen und halbieren. Die Petersilie waschen, trocken schütteln, die Blätter abzupfen und fein hacken. Tomaten, Petersilie und Oliven in einer Salatschüssel mit Essig, Salz und Pfeffer mischen. Das Ofengemüse vorsichtig unter die Vinaigrette mischen.

+ Den Halloumi trocken tupfen und in etwa 1 cm dicke Scheiben schneiden. Das Öl in einer beschichteten Pfanne erhitzen und den Halloumi darin 3 bis 4 Minuten auf beiden Seiten hellbraun braten. Die Mandeln hacken.

+ Den Ofengemüse-Salat mit dem Halloumi auf Teller verteilen und mit den Mandeln bestreuen. Zum Mitnehmen jeweils die Hälfte von Halloumi und Salat in Boxen füllen. Den Halloumi nach Belieben in der Mikrowelle wieder aufwärmen.

Kabeljau auf Ofengemüse

Für 2 Personen
Zubereitungszeit: 20 Minuten

2 Tomaten
50 g Kapernäpfel (aus dem Glas)
600 g Ofengemüse (½ Rezept links)
Salz, Pfeffer aus der Mühle
2 Kabeljaufilets (à ca. 180 g)
1 EL Olivenöl, 2 TL Butter

Nährwerte pro Portion:
ca. 410 kcal, 39 g EW, 22 g F,
12 g F, 7 g BST

+ Die Tomaten kreuzweise einritzen, überbrühen, kalt abschrecken, häuten, vierteln und entkernen. Das Fruchtfleisch in kleine Würfel schneiden. Die Kapernäpfel abtropfen lassen, die Stiele entfernen und die Kapern mit den Tomatenwürfeln unter das Ofengemüse mischen. Mit Salz und Pfeffer abschmecken.

+ Den Fisch waschen, trocken tupfen und rundum mit Salz und Pfeffer würzen. Öl und Butter in einer beschichteten Pfanne erhitzen und die Filets darin bei mittlerer Hitze 5 bis 7 Minuten von beiden Seiten goldbraun braten.

+ Das Ofengemüse mit dem Fisch auf Teller verteilen und sofort servieren. Zum Mitnehmen jeweils die Hälfte des Ofengemüses in Boxen verteilen, 1 Fischfilet daraufsetzen und abkühlen lassen. Wer will, friert beides ein.

Kräuter-Pesto zum Verfeinern

Vergessen Sie fertig gekauftes Pesto, das enthält Zusatzstoffe und „versteckten Zucker". Diese Kräuterpaste ist gesund, schnell gemacht und der perfekte „Würz-Joker" für Low-Carb-Linsennudeln oder eine schnelle Hähnchenpfanne.

Für 1 Glas (ca. 250 g; 4 Portionen)
Zubereitungszeit: 15 Minuten

Nährwerte pro Portion:
ca. 210 kcal, 5 g EW, 21 g F, 1 g KH, 1 g BST

30 g Mandeln hacken und in einer Pfanne ohne Fett hell rösten. Herausnehmen und abkühlen lassen. 1 Bund Petersilie, ½ Bund Basilikum und 8 Zweige Thymian waschen, trocken schütteln, Blätter abzupfen und fein hacken. 1 Knoblauchzehe schälen, fein würfeln, mit Mandeln, Kräutern, 2 EL Rapskernöl, 4 EL Olivenöl und 2 EL Wasser im Blitzhacker pürieren. Mit Salz, Pfeffer aus der Mühle und 1 TL Zitronensaft würzen. 30 g geriebenen Parmesan unterrühren. Luftdicht verschlossen hält sich das Pesto im Kühlschrank 3 bis 4 Tage.

Linsen-Gemüse-Pasta mit Pesto

Für 2 Personen
Zubereitungszeit: 30 Minuten

Salz, 200 g Zucchini
150 g Möhren
100 g glutenfreie Rote-Linsen-Pasta
2 EL Kräuter-Pesto (¼ Rezept links)
Pfeffer aus der Mühle
2 Stiele Basilikum
2 EL Parmesanspäne

Nährwerte pro Portion:
ca. 360 kcal, 20 g EW, 14 g F,
35 g KH, 6 g BST

+ In einem Topf reichlich Salzwasser zum Kochen bringen. Die Zucchini und Möhren putzen und waschen bzw. schälen und mit dem Spiralschneider in spaghettidünne Streifen schneiden. Die Linsen-Pasta im Salzwasser nach Packungsanweisung bissfest garen. Dabei etwa 2 Minuten vor Ende der Garzeit die Gemüsestreifen dazugeben und mitgaren.

+ Die Gemüsenudeln in ein Sieb abgießen dabei 50 ml Kochwasser auffangen. Die Gemüsenudeln kalt abschrecken und abtropfen lassen.

+ Das Pesto mit dem Nudelkochwasser in einer großen Pfanne erhitzen und die Gemüsenudeln untermischen, salzen und pfeffern. Sofort servieren oder zum Mitnehmen die Pasta in Boxen verpacken. Das Basilikum waschen, die Blätter abzupfen und mit dem Parmesan über die Pasta streuen.

Pfannengemüse mit Hähnchen

Für 2 Personen
Zubereitungszeit: 30 Minuten
Garen: 15 Minuten

1 Hähnchenbrustfilet (ca. 200 g)
2 EL Olivenöl
Salz
1 kleine Zucchini
je 1 gelbe und rote Paprikaschote
100 g Cocktailtomaten
Pfeffer aus der Mühle
2 EL Kräuter-Pesto (¼ Rezept links)

Nährwerte pro Portion:
ca. 360 kcal, 30 g EW, 22 g F,
8 g KH, 5 g BST

+ Den Backofen auf 180 °C vorheizen. Das Hähnchenfilet waschen und trocken tupfen, dann rundum mit 1 EL Öl bestreichen und salzen. Die Zucchini putzen, waschen, längs halbieren und in Scheiben schneiden. Die Paprikaschoten vierteln, putzen, waschen und in etwa 2 cm große Stücke schneiden. Die Tomaten waschen und halbieren.

+ Eine beschichtete Pfanne erhitzen und das Hähnchenbrustfilet darin auf jeder Seite etwa 3 Minuten hellbraun anbraten. In eine Auflaufform legen und im Ofen auf der mittleren Schiene 10 bis 15 Minuten garen.

+ Das übrige Öl in der Pfanne erhitzen und Zucchini und Paprika darin bei mittlerer Hitze etwa 3 Minuten braten. Tomaten dazugeben, etwa 2 Minuten mitbraten, salzen und pfeffern. Das Fleisch aus dem Ofen nehmen und schräg in Scheiben schneiden. Mit dem Gemüse auf Teller verteilen, jeweils mit 1 EL Kräuter-Pesto beträufeln und servieren. Zum Mitnehmen jeweils 1 Portion Gemüse, Fleisch und Kräuter-Pesto in eine Box geben.

Tomaten-Sugo – perfekt für den Vorrat

Tomatensauce ist ein Must-have im Vorratsschrank. Sie passt zu Fisch und Fleisch und eignet sich auch als Ketchup-Ersatz. Hier wird der Sugo mal mit Gemüsenudeln kombiniert, mal dient er als Basis für einen scharfen Eintopf.

Für 2 Gläser
(à ca. ½ l; 4 Portionen)
Zubereitungszeit: 25 Minuten
Garen: 45 Minuten

Nährwerte pro Portion:
ca. 130 kcal, 3 g EW, 8 g F, 9 g KH, 4 g BST

1 kg vollreife Tomaten kreuzweise einritzen, überbrühen, kalt abschrecken, häuten, vierteln und entkernen. Das Fruchtfleisch grob in Würfel schneiden.

100 g Staudensellerie putzen, waschen und in etwa ½ cm große Würfel schneiden. 100 g weiße Zwiebel und 1 Knoblauchzehe schälen und fein würfeln. ½ rote Pfefferschote längs halbieren, waschen und samt Kernen fein würfeln. 2 Lorbeerblätter, 3 Zweige Thymian, 2 Zweige Oregano und 1 Zweig Rosmarin waschen und trocken tupfen, dann zu einem Kräutersträußchen zusammenbinden.

In einem großen Topf 3 EL Olivenöl erhitzen und Sellerie, Zwiebel, Knoblauch und Pfefferschote darin bei mittlerer bis starker Hitze unter Rühren etwa 2 Minuten dünsten.

50 g Tomatenmark, 1 TL Salz und etwas Pfeffer aus der Mühle dazugeben und etwa 2 Minuten unter Rühren mitdünsten. Die Tomatenwürfel und das Kräutersträußchen hinzufügen und alles aufkochen. Dann offen bei milder Hitze etwa 45 Minuten dick einkochen lassen, dabei immer wieder umrühren.

Anschließend das Kräutersträußchen wieder entfernen. Den Sugo mit 1 bis 2 EL Aceto balsamico und Salz abschmecken. Sofort randvoll in zwei saubere, heiß ausgespülte Twist-off-Gläser füllen und verschließen.

Gleich in größeren Mengen zubereiten

Kochen Sie am besten gleich die doppelte oder dreifache Menge Sugo. Einfach in Gläser füllen, verschließen und etwa 5 Minuten auf den Deckel stellen. Dann die Gläser umdrehen und den Sugo vollständig abkühlen lassen. Er hält sich an einem kühlen und dunklen Ort mindestens 6 Monate.

Gemüse-„Spaghetti" mit Bolognese

Für 2 Personen
Zubereitungszeit: 20 Minuten

250 g Tatar (Schabefleisch)
1 EL Olivenöl
Salz, Pfeffer aus der Mühle
½ l Tomaten-Sugo (½ Rezept links)
2 Zucchini (ca. 300 g)
3 Möhren (ca. 250 g)
40 g Parmesan (am Stück)
4 Stiele Basilikum

Nährwerte pro Portion:
ca. 470 kcal, 40 g EW, 23 g F, 19 g KH, 9 g BST

+ Hackfleisch in einem großen Topf im Öl bei mittlerer Hitze unter Rühren krümelig anbraten. Mit Salz und Pfeffer würzen. Sugo dazugeben, alles aufkochen und mit geschlossenem Deckel bei milder bis mittlerer Hitze etwa 10 Minuten garen.

+ Inzwischen in einem Topf reichlich Salzwasser aufkochen. Die Zucchini putzen und waschen, die Möhren putzen und schälen. Beides mit dem Spiralschneider in spaghettidünne Streifen schneiden. Im kochenden Salzwasser etwa 1 Minute blanchieren, in ein Sieb abgießen und 50 ml Kochwasser auffangen. Gemüsenudeln kalt abschrecken und abtropfen lassen. Parmesan mit dem Sparschäler in Späne hobeln. Das Basilikum waschen, trocken schütteln, Blätter abzupfen.

+ Die Bolognese mit Salz und Pfeffer abschmecken und, falls sie zu dickflüssig ist, etwas Nudelkochwasser unterrühren. Die Gemüsenudeln und die Bolognese auf Teller verteilen und mit Parmesan und Basilikum bestreuen. Zum Mitnehmen alles abgekühlt in Boxen füllen. Wer will, friert die Nudeln und die Bolognese ein.

Scharfer Kichererbseneintopf mit Ei

Für 2 Personen
Zubereitungszeit: 35 Minuten

1 Schalotte
200 g schlanke Möhren
1 Stange Lauch (ca. 250 g)
1 EL Olivenöl
½ TL rosenscharfes Paprikapulver
1 TL edelsüßes Paprikapulver
½ l Tomaten-Sugo
(½ Rezept Seite 146)
¼ l glutenfreie Gemüsebrühe
Salz
2 Eier (Größe M)
150 g Kichererbsen (aus der Dose)
4 Stiele Koriandergrün

Nährwerte pro Portion:
ca. 450 kcal, 19 g EW, 23 g F, 33 g KH, 13 g BST

+ Die Schalotte schälen und in dünne Ringe schneiden. Die Möhren putzen, schälen und schräg in etwa ½ cm dünne Scheiben schneiden. Den Lauch putzen, waschen und schräg in etwa 1 cm breite Scheiben schneiden.

+ Das Öl in einem Topf erhitzen und die Schalotte darin bei mittlerer Hitze glasig dünsten. Möhren und Lauch dazugeben und etwa 2 Minuten mitdünsten. Mit beiden Paprikasorten bestäuben und untermischen. Sugo und Brühe dazugeben, alles aufkochen und mit Salz würzen, dann mit geschlossenem Deckel bei milder Hitze etwa 10 Minuten garen.

+ Inzwischen die Eier in kochendem Wasser 5 bis 6 Minuten wachsweich kochen. Die Kichererbsen in ein Sieb abgießen, kalt abbrausen und abtropfen lassen. Zum Eintopf geben und etwa 5 Minuten erhitzen.

+ Die Eier kalt abschrecken, pellen und längs halbieren. Das Koriandergrün waschen, trocken schütteln und die Blätter abzupfen. Den Eintopf auf tiefe Teller oder Schalen verteilen, die Eierhälften darauflegen und mit Koriander bestreuen. Zum Mitnehmen alles in Boxen füllen. Wer will, kann den Eintopf nach dem Abkühlen auch einfrieren, allerdings ohne Eier und Koriander.

Tomaten – Healthfood par excellence

Da Tomaten zu mehr als 90 Prozent aus Wasser bestehen, sind sie sehr sättigend, ohne dass man dabei viele Kalorien zu sich nimmt oder Heißhunger bekommt. Sie treiben den Blutzuckerspiegel kaum in die Höhe. Zudem enthält das Fruchtgemüse reichlich Kalium, das Wassereinlagerungen reduziert. Wichtig für eine Diät ist vor allem die hohe Konzentration an Lycopin. Das ist ein Carotinoid, das stark antioxidativ und entzündungshemmend wirkt. Es sorgt nicht nur für die rote Färbung der Tomaten, sondern bedingt unter anderem, dass der Körper weniger Fett speichert – das haben Studien belegt. Darüber hinaus verhindert Lycopin den Abbau von Kollagen im Bindegewebe und beugt somit Cellulite vor. Übrigens: Aus gekochten Tomaten kann Lycopin noch besser vom Körper aufgenommen werden als aus rohen. Die positiven gesundheitlichen Effekte haben also auch Tomatenprodukte wie Dosentomaten, Tomatensaft oder Tomatenmark.

Rote Bete – nicht nur als Salat

Rote Bete ist eine echte Powerknolle. Sie versorgt uns mit vielen Vitaminen (unter anderem Folsäure), Eisen und Magnesium und bringt den Fettstoffwechsel in Schwung. Hier garen Sie vier Knollen, um sie dann als Salatzutat oder im Eintopf überraschend neu zu erleben.

Für 4 Portionen (ca. 600 g)
Zubereitungszeit: 1–1½ Stunden

Nährwerte pro Portion:
ca. 60 kcal, 2 g EW, 0 g F, 12 g KH, 4 g BST

4 Rote Beten (à ca. 180 g) putzen und mit Schale in einem Topf mit Wasser bedecken. Mit geschlossenem Deckel aufkochen und 1 bis 1¼ Stunden weich garen. Danach die Roten Beten abgießen, kalt abschrecken, pellen und abkühlen lassen (dabei am besten Einweghandschuhe tragen, da die Knollen stark abfärben). Falls Sie die Knollen nicht gleich weiterverarbeiten, können Sie sie problemlos gegart einfrieren.

Rote-Bete-Gemüse mit Ziegenkäse

Für 2 Personen
Zubereitungszeit: 25 Minuten
Grillen: 3 Minuten

250 g tiefgekühlte Edamame-Schoten
2 gegarte Rote Beten
(ca. 300 g; ½ Rezept links)
1 Zwiebel, 1 EL Rapskernöl
4 EL glutenfreie Gemüsebrühe
Salz, Pfeffer aus der Mühle
4 Ziegenfrischkäsetaler
(z. B. Picandou; à ca. 40 g)
1 EL geschälte Mandeln, 2 TL Honig

Nährwerte pro Portion:
ca. 410 kcal, 23 g EW, 22 g F,
30 g KH, 10 g BST

+ Die Edamame in kochendem Wasser etwa 5 Minuten garen. In ein Sieb abgießen, kalt abschrecken und die Kerne aus den Schoten lösen.

+ Die Roten Beten in etwa 1 cm dicke Stifte schneiden (Einweghandschuhe tragen!). Die Zwiebel schälen, fein würfeln und in einem Topf im Öl bei mittlerer Hitze glasig braten. Rote Beten und Edamame untermischen, die Brühe dazugießen und alles mit geschlossenem Deckel bei milder Hitze etwa 3 Minuten dünsten. Mit Salz und Pfeffer würzen.

+ Den Backofengrill einschalten. Die Ziegenkäsetaler in eine kleine Auflaufform setzen. Die Mandeln hacken und mit dem Honig auf dem Käse verteilen. Unter dem Backofengrilll auf der unteren Schiene etwa 4 Minuten grillen. Herausnehmen und kurz abkühlen lassen. Das Rote-Bete-Gemüse mit jeweils 2 Ziegenkäsetalern auf Teller verteilen. Zum Mitnehmen in Boxen füllen und abkühlen lassen. Wer will, friert Gemüse und Ziegenkäsetaler ein.

Rote-Bete-Spitzkohl-Eintopf

Für 2 Personen
Zubereitungszeit: 35 Minuten

250 g Möhren
1 Zwiebel, 1 EL Olivenöl
½ TL gemahlener Koriander
700 ml glutenfreie Gemüsebrühe
200 g Spitzkohl
2 gegarte Rote Beten
(ca. 300 g; ½ Rezept links)
100 g Räuchertofu
Salz, Pfeffer aus der Mühle
6 Stiele Dill
150 g griech. Joghurt (10% Fett)

Nährwerte pro Portion:
ca. 400 kcal, 16 g EW, 22 g F,
29 g KH, 12 g BST

+ Die Möhren putzen, schälen und etwa 2 cm groß würfeln. Die Zwiebel schälen, halbieren, in feine Streifen schneiden und in einem Topf im Öl bei mittlerer Hitze etwa 2 Minuten dünsten. Möhren und Koriander hinzufügen, etwa 3 Minuten mitdünsten. Die Brühe dazugießen, alles aufkochen und mit geschlossenem Deckel etwa 10 Minuten garen.

+ Inzwischen vom Spitzkohl die äußeren Blätter und den harten Strunk entfernen, den Kohl in etwa 2 cm breite Streifen schneiden. Die Roten Beten etwa 2 cm groß würfeln (dabei am besten Einweghandschuhe tragen!). Den Tofu würfeln.

+ Spitzkohl, Rote Beten und Tofu zum Eintopf geben, alles aufkochen und mit geschlossenem Deckel bei milder Hitze noch etwa 5 Minuten garen. Mit Salz und Pfeffer abschmecken.

+ Dill waschen, trocken schütteln, Spitzen abzupfen und fein hacken. Dill und Joghurt verrühren, salzen, pfeffern. Den Eintopf mit dem Dilljoghurt auf tiefe Teller oder Schalen verteilen. Zum Mitnehmen beides separat in Boxen füllen.

Berglinsen – neu kombiniert

Es lohnt sich immer, Linsen vorzukochen und im Kühlschrank oder in der Tiefkühltruhe zu haben. Die Hülsenfrüchte liefern komplexe Kohlenhydrate mit geballter Eiweißpower und machen hier in einer exotischen Bowl oder mit Lachs auf leichte Weise lange satt.

Für 4 Portionen (ca. 400 g)
Zubereitungszeit: 30 Minuten

Nährwerte pro Portion:
ca. 110 kcal, 9 g EW, 1 g F, 15 g KH, 6 g BST

150 g braune Berglinsen in einem Sieb kalt abbrausen und abtropfen lassen. Die Linsen mit 1 l Wasser und 2 Lorbeerblättern in einen Topf geben und mit geschlossenem Deckel aufkochen. Dann bei mittlerer Hitze etwa 25 Minuten garen. Die Linsen in ein Sieb abgießen, kalt abschrecken und abtropfen lassen. Falls Sie die gegarten Linsen nicht gleich weiterverarbeiten, können Sie sie problemlos einfrieren.

Lachs auf Linsen-Tomaten-Gemüse

Für 2 Personen
Zubereitungszeit: 25 Minuten

250 g Tomaten
4 Stangen Staudensellerie (ca. 200 g), 1 Zwiebel
1 Knoblauchzehe, 2 EL Olivenöl
200 g gegarte Linsen (½ Rezept links)
Salz, Pfeffer aus der Mühle
2 TL scharfer Senf
2 Lachsfilets (à ca. 150 g)
½ Bund Schnittlauch

Nährwerte pro Portion:
ca. 540 kcal, 42 g EW, 28 g F, 26 g KH, 8 g BST

+ Die Tomaten waschen und in etwa 1 cm große Würfel schneiden, dabei die Stielansätze entfernen. Den Sellerie putzen, waschen und in dünne Scheiben schneiden. Zwiebel und Knoblauch schälen, fein würfeln und in einer beschichteten Pfanne in 1 EL Öl bei mittlerer Hitze glasig dünsten.

+ Tomaten und Sellerie dazugeben, etwa 2 Minuten mitdünsten. Die Linsen untermischen und alles mit geschlossenem Deckel bei milder Hitze noch etwa 5 Minuten garen. Mit Salz, Pfeffer und Senf würzen.

+ Inzwischen den Fisch waschen, trocken tupfen, salzen und pfeffern. In einer Pfanne im übrigen Öl bei mittlerer Hitze 3 bis 4 Minuten auf jeder Seite braten.

+ Schnittlauch waschen, trocken schütteln und in feine Röllchen schneiden. Das Linsengemüse mit je 1 Lachsfilet anrichten und mit Schnittlauch bestreuen. Zum Mitnehmen alles in Boxen füllen. Wer will, friert Fisch und Gemüse ein.

Karibik-Linsen-Bowl mit Garnelen

Für 2 Personen
Zubereitungszeit: 30 Minuten

4 EL Limettensaft
½ TL Pul Biber (Chiliflocken)
Salz, Pfeffer aus der Mühle
2 EL Olivenöl
200 g gegarte Linsen (½ Rezept links)
1 kleine reife Avocado
150 g Mango, 150 g Möhren
200 g rohe geschälte Garnelen (frisch oder tiefgekühlt und aufgetaut)
100 g griech. Joghurt (5 % Fett)

Nährwerte pro Portion:
ca. 510 kcal, 31 g EW, 24 g F, 37 g KH, 10 g BST

+ In einer Schüssel 2 EL Limettensaft, Pul Biber, Salz, Pfeffer und 1 EL Öl verrühren. Die Linsen dazugeben, alles gut mischen und etwa 10 Minuten ziehen lassen.

+ Inzwischen Avocado halbieren, entkernen, das Fruchtfleisch mit einem Löffel aus der Schale lösen und etwa 1 cm groß würfeln. Sofort mit 1 EL Limettensaft beträufeln, damit es sich nicht bräunlich verfärbt. Mango schälen und in dünne Spalten schneiden. Möhren putzen, schälen und grob raspeln.

+ Die Garnelen in einem Sieb abbrausen, abtropfen lassen und pfeffern. In einer beschichteten Pfanne im restlichen Öl bei mittlerer bis starker Hitze 2 bis 3 Minuten braten, leicht salzen. Joghurt mit übrigem Limettensaft und Salz verrühren.

+ Zum Mitnehmen die Linsen in Boxen füllen und Avocado, Mango, Möhren und Garnelen darauf nebeneinander anrichten. Die Bowls mit Limettenjoghurt und nach Belieben mit gehacktem Koriander und je 1 EL Kokos-Chips toppen.

2 in 1 – Hähnchenbrustfilet und Hühnerbrühe

Kaum etwas schmeckt so gut wie eine selbst gemachte Hühnerbrühe! Hier wird man für den Aufwand doppelt belohnt, denn in den schnellen Low-Carb-Rezepten werden sowohl die Brühe als auch das gegarte Hähnchenbrustfilet verwendet.

Für 4 Portionen und 1½ l Brühe
Zubereitungszeit: 30 Minuten

Nährwerte pro Portion (Fleisch):
ca. 180 kcal, 42 g EW, 1 g F,
0 g KH, 0 g BST

4 Hähnchenbrustfilets (à ca. 180 g) waschen und in einen großen Topf geben. Eine Pfanne stark erhitzen, 1 große Zwiebel halbieren und die Schnittflächen darin bei starker Hitze dunkelbraun rösten. Die Zwiebelhälften mit 2 Lorbeerblättern, 1 TL schwarzen Pfefferkörnern, 4 Wacholderbeeren und 1 TL Salz zum Fleisch geben. 1½ l kaltes Wasser dazugießen und alles mit geschlossenem Deckel aufkochen. Dann mit halb aufgelegtem Deckel bei milder Hitze etwa 20 Minuten garen. Das Fleisch aus der Brühe nehmen, die Brühe durch ein Sieb gießen.

Grünes Hühnerfrikassee

Für 2 Personen
Zubereitungszeit: 30 Minuten

300 g grüner Spargel, 1 Kohlrabi
150 g tiefgekühlte Erbsen
300 ml Hühnerbrühe (siehe links)
½ TL Johannisbrotkernmehl
150 g Kochsahne (15 % Fett)
2 gegarte Hähnchenbrustfilets
(½ Rezept links)
Salz, Pfeffer aus der Mühle
1–2 TL Zitronensaft
1 Handvoll Kerbelblätter (ca. 20 g)

Nährwerte pro Portion:
ca. 470 kcal, 56 g EW, 19 g F,
15 g KH, 7 g BST

+ Den Spargel waschen, im unteren Drittel schälen und die holzigen Enden abschneiden. Den Spargel schräg in etwa 4 cm lange Stücke schneiden. Den Kohlrabi putzen, schälen und etwa 1 cm groß würfeln. Die Erbsen antauen lassen.

+ In einem Topf die Brühe mit Johannisbrotkernmehl und Sahne unter Rühren aufkochen. Spargel und Kohlrabi dazugeben und etwa 5 Minuten köcheln lassen. Das Hähnchenfleisch in Stücke schneiden, mit den Erbsen hinzufügen und alles noch etwa 3 Minuten mitgaren. Das Frikassee mit Salz, Pfeffer und Zitronensaft abschmecken.

+ Den Kerbel waschen, trocken schütteln und fein hacken, unter das Frikassee rühren. Das Hühnerfrikassee auf Teller verteilen und servieren. Zum Mitnehmen in Boxen verpacken und abkühlen lassen. Wer will, friert es ein.

Hähnchen auf Paprikagemüse

Für 2 Personen
Zubereitungszeit: 20 Minuten

2 kleine weiße Zwiebeln
2 Knoblauchzehen
je 1 große rote und gelbe
Paprikaschote
1 Zweig Rosmarin, 2 EL Olivenöl
½ TL rosenscharfes Paprikapulver
150 ml Hühnerbrühe (siehe links)
Salz, Pfeffer aus der Mühle
1 EL Ajvar (aus dem Glas)
2 gegarte Hähnchenbrustfilets
(½ Rezept links)

Nährwerte pro Portion:
ca. 400 kcal, 50 g EW, 16 g F,
10 g KH, 9 g BST

+ Die Zwiebeln schälen, halbieren und in feine Streifen schneiden. Den Knoblauch schälen und fein würfeln. Die Paprikaschoten vierteln, putzen, waschen und in etwa 2 cm große Stücke schneiden. Den Rosmarin waschen, trocken schütteln, die Nadeln abzupfen und fein hacken.

+ Zwiebeln und Knoblauch in einer Pfanne im Öl bei mittlerer Hitze glasig dünsten. Die Paprika dazugeben und etwa 2 Minuten mitdünsten. Alles mit Paprikapulver bestäuben, den Rosmarin hinzufügen und kurz anrösten.

+ Die Brühe dazugießen, alles aufkochen und mit geschlossenem Deckel 5 bis 7 Minuten garen. Das Gemüse mit Salz und Pfeffer würzen und den Ajvar unterrühren.

+ Das Hähnchenfilets schräg in Scheiben schneiden und mit dem Paprikagemüse auf Teller verteilen, sofort servieren. Zum Mitnehmen beides in Boxen füllen und abkühlen lassen. Wer will, friert beides ein.

Kürbispüree – samtiger Allrounder

Wunderbare Wandlung: Hier wird Kürbis eine Weile in den Ofen geschoben, um dann aus seinem buttrig-weichen Fleisch kurzerhand eine scharfe Linsensuppe und ein Zwiebelpüree zu zaubern. So wunderbar einfach funktioniert gesunde Schlankküche.

Für 4 Portionen (ca. 500 g)
Zubereitungszeit: 10 Minuten
Garen: 1 Stunde

Nährwerte pro Portion:
ca. 60 kcal, 1 g EW, 3 g F,
6 g KH, 3 g BST

Den Backofen auf 200 °C vorheizen. Ein Backblech mit Backpapier belegen. 1 Butternusskürbis (ca. 750 g) längs halbieren und die Kerne entfernen. Die Kürbishälften mit der Schnittfläche nach oben auf das Blech setzen und mit 1 EL Olivenöl bestreichen. Im Ofen auf der mittleren Schiene 45 bis 60 Minuten garen, bis das Kürbisfleisch weich ist. Dann herausnehmen und lauwarm abkühlen lassen. Das Kürbisfleisch aus der Schale lösen, in einen hohen Rührbecher geben und mit dem Stabmixer fein pürieren.

Frikadellen mit Kürbis-Zwiebel-Püree

Für 2 Personen
Zubereitungszeit: 25 Minuten

4 Zweige Thymian
200 g Tatar (Schabefleisch)
3 EL Magerquark
2 TL mittelscharfer Senf
Salz, Pfeffer aus der Mühle
2½ EL Olivenöl, 2 Zwiebeln
2 TL Butter, 250 g Kürbispüree (½ Rezept links)
50 ml Milch (3,5 % Fett)
frisch geriebene Muskatnuss
½ Bund Schnittlauch

Nährwerte pro Portion:
ca. 400 kcal, 29 g EW, 25 g F, 13 g KH, 5 g BST

+ Den Thymian waschen, trocken schütteln, die Blätter abzupfen und fein hacken. Mit Tatar, Quark, Senf, Salz und Pfeffer verkneten. Aus der Masse mit angefeuchteten Händen 4 Frikadellen formen.

+ In einer beschichteten Pfanne 1½ EL Öl erhitzen und die Frikadellen darin bei mittlerer bis starker Hitze auf jeder Seite etwa 1 Minute anbraten. Dann bei milder Hitze noch 5 Minuten auf beiden Seiten weiterbraten, dabei zwischendurch wenden. Aus der Pfanne nehmen und auf Küchenpapier abtropfen lassen.

+ Inzwischen die Zwiebeln schälen und fein würfeln. In einem Topf das übrige Öl und die Butter erhitzen und die Zwiebeln darin bei mittlerer Hitze unter Rühren etwa 5 Minuten goldbraun braten. Kürbispüree und Milch dazugeben und alles unter Rühren etwa 5 Minuten leicht einkochen lassen, bis die Flüssigkeit verdampft ist. Das Püree mit Salz, Pfeffer und etwas Muskatnuss würzen.

+ Den Schnittlauch waschen, trocken schütteln und in feine Röllchen schneiden. Das Kürbis-Zwiebel-Püree mit je 2 Frikadellen auf Teller verteilen und mit Schnittlauch bestreuen, sofort servieren. Zum Mitnehmen Püree, Frikadellen und Schnittlauch in Boxen füllen und abkühlen lassen. Wer will, friert beides (ohne Schnittlauch!) ein.

Kürbis – figurfreundlicher Immun-Booster

Der Kürbis ist eine wahre Vitaminbombe und botanisch gesehen „eine der größten Beeren der Welt"– perfekt für eine Diät! Neben Vitamin C, Magnesium und Eisen enthält er jede Menge Betacarotin: einen natürlichen Farbstoff, aus dem im Körper Vitamin A gebildet wird, das für unsere Sehkraft wichtig ist. Außerdem wirkt Betacarotin antioxidativ, indem es freie Radikale im Körper abfängt und uns vor Zellschäden schützt – etwa vor Hautalterung und Herz- und Gefäßerkrankungen. Trotz seines buttrigen Fruchtfleischs ist das Herbstgemüse überraschend fett- und kalorienarm: 100 Gramm haben gerade mal 25 Kalorien. Dafür strotzt der „Dicke" nur so vor Ballaststoffen, die lange satt halten und vor Heißhungerattacken schützen. Auch der Blutzuckerspiegel wird durch das gegarte Kürbisfleisch gedrosselt.

Scharfe Kürbis-Linsen-Suppe

Für 2 Personen
Zubereitungszeit: 20 Minuten

1 Zwiebel, 10 g Ingwer
1 säuerlicher Apfel
(z. B. Elstar; ca. 150 g)
2½ EL Olivenöl
250 g Kürbispüree
(½ Rezept Seite 156)
50 g rote Linsen, 1 TL Tomatenmark
700 ml glutenfreie Gemüsebrühe
Salz, Pfeffer aus der Mühle
½ Bund Koriandergrün
100 g Sojacreme
(Sahne-Ersatz auf Sojabasis)
2 EL Limettensaft
¼–½ TL Pul Biber (Chiliflocken)

Nährwerte pro Portion:
ca. 430 kcal, 10 g EW, 25 g F,
36 g KH, 11 g BST

+ Zwiebel und Ingwer schälen und in feine Würfel schneiden. Den Apfel vierteln, schälen und entkernen. Die Viertel grob in Stücke schneiden.

+ In einem Topf das Öl erhitzen und Zwiebel und Ingwer darin bei mittlerer Hitze 1 bis 2 Minuten dünsten. Kürbispüree, Linsen und Tomatenmark dazugeben und kurz mitdünsten. Dann Brühe und Apfelstücke hinzufügen und mit Salz und Pfeffer würzen. Alles aufkochen und mit geschlossenem Deckel bei mittlerer Hitze 5 bis 7 Minuten garen.

+ Inzwischen den Koriander waschen, trocken schütteln, die Blätter abzupfen und grob hacken. Die Suppe vom Herd nehmen, die Sojacreme hinzufügen und alles im Topf mit dem Stabmixer fein pürieren. Die Suppe mit Limettensaft, Salz und ¼ TL Pul Biber abschmecken.

+ Die Suppe auf tiefe Teller oder Schalen verteilen und mit Koriandergrün und übrigem Pul Biber bestreuen, sofort servieren. Zum Mitnehmen abkühlen lassen und in Boxen füllen. Wer will, friert die Suppe (ohne Koriander!) ein.

Kürbispüree – vielseitig und ballaststoffreich

Ein selbst gemachtes Kürbispüree ist die perfekte Basis für allerlei Leckerbissen. Kühl und luftdicht verschlossen hält es sich 4 bis 5 Tage. Alternativ können Sie es portionsweise einfrieren. Pur, mit Pfeffer und Muskatnuss gewürzt, schmeckt das Püree als kohlenhydratarme Beilage. In Minutenschnelle lässt sich daraus aber auch eine Blitz-Suppe zaubern: Dafür Zwiebelwürfel in Öl andünsten, Kürbispüree und Gemüsebrühe dazugeben, etwa 10 Minuten köcheln lassen, abschmecken und mit Sahne verfeinern. Oder wie wäre es mit einem exotischen Aufstrich? Dafür das Kürbispüree einfach mit etwas Kokosmilch, Chili und Ingwer cremig rühren oder mit Kichererbsen (aus der Dose), Zitronensaft und gemahlenem Kreuzkümmel püriert als farbenfrohes Hummus servieren. Auch als Grundlage für Pancakes, Waffeln, Muffins, Brot oder Brötchen kann die Paste glänzen: Wenn Sie ein Drittel des Mehls durch Kürbispüree ersetzen, schummeln Sie nebenbei Vitalstoffe wie Betacarotin ins Gebäck.

Blumenkohl – die Low-Carb-Alternative

Von wegen brave Hausmannskost! Die weißen Kohlröschen sind hip und sehr wandelbar – reiskornfein zerkleinert und im Ofen geröstet, wandern sie statt Couscous in ein Taboulé mit viel Gemüse. Oder sie ersetzen einen kohlenhydratreichen Pizzaboden.

Für 4 Portionen (ca. 800 g)
Zubereitungszeit: 15 Minuten
Garen: 15 Minuten

Nährwerte pro Portion:
ca. 40 kcal, 4 g EW, 0 g F,
4 g KH, 4 g BST

Den Backofen auf 200 °C vorheizen. Ein Backblech mit Backpapier belegen. 1 Blumenkohl (ca. 1,3 kg) putzen, waschen und in Röschen teilen, den Strunk großzügig schälen. Den Blumenkohl im Blitzhacker portionsweise etwa auf Reiskorngröße zerkleinern (Achtung, nicht zu fein, sonst wird der Blumenkohl musig!). Den Blumenkohl-„Reis" auf dem Blech verteilen und leicht salzen. Mit einem zweiten Stück Backpapier abdecken und im Ofen auf der mittleren Schiene etwa 15 Minuten garen. Herausnehmen und abkühlen lassen.

Blumenkohl-Taboulé mit Feta

Für 2 Personen
Zubereitungszeit: 20 Minuten

4 EL Zitronensaft
2 TL flüssiger Honig
Salz, Pfeffer aus der Mühle
½ TL gemahlener Kreuzkümmel
2 EL Olivenöl
400 g Blumenkohl-„Reis"
(½ Rezept oben)
2 Mini-Salatgurken
1 kleine rote Zwiebel
½ rote Chilischote, ½ Bund Petersilie
3 Stiele Koriandergrün
2 Stiele Minze
2 Scheiben Feta (Schafskäse;
mind. 45 % Fett i. Tr.; à ca. 100 g)
2 EL Granatapfelkerne (Kühlregal)

Nährwerte pro Portion:
ca. 470 kcal, 21 g EW, 35 g F,
15 g KH, 6 g BST

+ In einer großen Schüssel Zitronensaft, Honig, Salz, Pfeffer und Kreuzkümmel gründlich verrühren, das Öl unterschlagen. Den Blumenkohl-„Reis" dazugeben und gut untermischen, dann ziehen lassen.

+ Inzwischen die Gurken waschen und in etwa 1 cm große Würfel schneiden. Die Zwiebel schälen und in feine Würfel schneiden. Die Chilischote längs halbieren, putzen, waschen und in feine Würfel schneiden. Die Kräuter waschen und trocken schütteln, die Blätter abzupfen und fein hacken.

+ Alle Zutaten unter den Blumenkohl-„Reis" mischen, mit Salz und Pfeffer abschmecken. Das Taboulé mit je 1 Scheibe Feta auf Teller setzen und mit den Granatapfelkernen bestreuen, sofort servieren. Zum Mitnehmen jeweils die Hälfte von Taboulé, Feta und Granatapfelkernen in Boxen füllen.

Blumenkohl-Pizza

Für 2 Personen
Zubereitungszeit: 30 Minuten
Backen: 25 Minuten

175 g mittelalter Gouda (am Stück)
2 Eier (Größe M)
Pfeffer aus der Mühle
400 g Blumenkohl-„Reis"
(½ Rezept links)
4 kleine Strauchtomaten
80 g kleine Champignons
80 g Putenschinkenaufschnitt
(in dünnen Scheiben)
2 Stiele Basilikum

Nährwerte pro Portion:
ca. 460 kcal, 45 g EW, 26 g F,
8 g KH, 6 g BST

+ Den Backofen auf 200 °C vorheizen. Ein Backblech mit Backpapier belegen. Den Gouda fein reiben, 50 g beiseitestellen, den restlichen Käse mit Eiern und Pfeffer verrühren. Den Blumenkohl-„Reis" unter die Eiermasse mischen.

+ Aus der Blumenkohlmasse 2 runde Fladen (à ca. 20 cm Durchmesser) nebeneinander auf das Blech setzen und im Ofen auf der mittleren Schiene etwa 15 Minuten vorbacken.

+ Inzwischen die Tomaten waschen und in Scheiben schneiden, dabei die Stielansätze entfernen. Die Champignons putzen, falls nötig, trocken abreiben und in Scheiben schneiden. Den Schinken in feine Streifen schneiden.

+ Die Blumenkohl-Pizzaböden aus dem Ofen nehmen, mit Tomaten, Pilzen und Schinken belegen und mit dem übrigen Käse bestreuen. Im Ofen noch etwa 10 Minuten backen.

+ Das Basilikum waschen, trocken schütteln und die Blätter abzupfen. Die Pizzen aus dem Ofen nehmen und etwa 5 Minuten abkühlen lassen, dann in Portionsstücke schneiden und mit Basilikum bestreut servieren. Zum Mitnehmen in Boxen verpacken und abkühlen lassen. Wer mag, kann die Pizzen (ohne Basilikum!) einfrieren.

Der Power-Wochenplan

Genussvoll abnehmen: In diesem Wochenplan finden Sie pro Tag drei Rezepte, die in Summe maximal 1300 kcal ergeben: ein Frühstück, ein warmes Gericht – für mittags oder abends, wie Sie möchten – und eine kleine kalte Mahlzeit, die Sie auch mitnehmen können.

	FRÜHSTÜCK	WARMES GERICHT	KLEINES GERICHT	
1. TAG	 Erdbeer-Papaya-Quark mit Leinsamen (Seite 44), **370 kcal**	 Ofen-Feta auf Ratatouille (Seite 118), **450 kcal**	 Kräuterchampignons mit eifreier Aioli (Seite 79), **350 kcal**	Kalorienbilanz: 1170 kcal
2. TAG	 Gemüserührei mit Bergkäse (Seite 66), **440 kcal**	 Gemüsebratlinge mit Kräuterquark (Seite 116), **520 kcal**	 Rote Gazpacho mit Ricotta (Seite 80), **280 kcal**	Kalorienbilanz: 1240 kcal
3. TAG	 Avocadojoghurt mit Grapefruit und Nüssen (Seite 48), **360 kcal**	 Mandelfisch auf Bohnen-Artischocken-Gemüse (Seite 124), **470 kcal**	 Griechischer Salat mit Hüttenkäsetalern (Seite 74), **460 kcal**	Kalorienbilanz: 1290 kcal

4. TAG

Käse-Pilz-Spiegeleier auf Roter Bete (Seite 64), **270 kcal**

Rosenkohl-Curry mit Sesam-Tofu (Seite 114), **560 kcal**

Roastbeefröllchen auf Asia-Salat (Seite 98), **330 kcal**

Kalorienbilanz: 1160 kcal

5. TAG

Warme Chia-Bowl mit Beeren (Seite 46), **420 kcal**

Grüne Shakshuka (Seite 110), **400 kcal**

Linsen-Gurken-Salat mit Makrele (Seite 92), **420 kcal**

Kalorienbilanz: 1240 kcal

6. TAG

Quinoa-Porridge mit Pflaumen (Seite 50), **420 kcal**

Scharfer Puten-Gurken-Wok (Seite 136), **380 kcal**

Edamame-Salat mit Granatapfel (Seite 76), **400 kcal**

Kalorienbilanz: 1200 kcal

7. TAG

Lachs auf skandinavische Art (Seite 68), **450 kcal**

Romanesco-„Risotto" mit Pilzen und Tomaten (Seite 108), **460 kcal**

Krabben-Eierkuchen-Wraps (Seite 90), **310 kcal**

Kalorienbilanz: 1220 kcal

Eiweiß- & Ballaststoffgehalt ausgewählter Lebensmittel

Wer nachhaltig und gesund abnehmen möchte, sollte darauf achten, bei der täglichen Ernährung ausreichend Eiweiß und Ballaststoffe zu sich zu nehmen. Sie helfen, schlank zu werden und zu bleiben. Hier die wichtigsten Lebensmittel auf einen Blick:

Obst	g EW/100 g	g BST/100 g
Apfel	0,3	2,0
Avocado	1,9	6,3
Blaubeeren	0,7	4,9
Cranberrys, roh	0,4	4,6
Erdbeeren	0,8	1,6
Grapefruit	0,6	1,6
Himbeeren	1,3	4,7
Mango	0,6	1,7
Oliven	1,1	1,4
Papaya	0,5	1,9
Pflaumen	0,6	1,6
Wassermelone	0,6	0,2
Gemüse	**g EW/100 g**	**g BST/100 g**
Artischocken	2,4	10,8
Aubergine	1,2	2,8
Blumenkohl	2,5	2,9
Brokkoli	3,3	3,0
Champignons	2,7	2,0
Chicorée	1,3	1,3
Fenchel	1,4	2,0
Frühlingszwiebel	2,0	1,5
Grünkohl	4,3	4,2
Kartoffel	2,0	2,1
Knollensellerie	1,6	4,2
Kohlrabi	1,9	1,4
Kürbis	1,1	2,2
Lauch	2,2	2,3
Möhre	1,0	3,6
Paprikaschote	1,1	3,6
Radicchio	1,2	1,5
Radieschen	1,1	1,6
Rosenkohl	4,5	4,4
Rote Bete, roh	1,5	2,5
Salatgurke	0,6	0,5
Spargel	1,9	1,3
Spinat	2,7	2,6
Tomaten	1,0	1,0
Weißkohl	1,4	3,0
Zucchini	1,6	1,1
Zwiebel	1,2	1,8
Hülsenfrüchte	**g EW/100 g**	**g BST/100 g**
Bohnensprossen	4,5	3,0
Bohnen, weiß	21,1	23,2
Edamame, roh	11,0	5,0
Erbsen, roh	22,9	16,6
Kichererbsen, roh	19,0	15,5
Kidneybohnen, Dose	6,9	6,2
Linsen, roh	23,5	17,0
Rote-Linsen-Pasta	23,0	5,9
Sojadrink, ungesüßt	3,3	0,6
Tofu	8,8	0,5

Getreide, Nüsse und Samen	g EW/100 g	g BST/100 g
Chiasamen	16,5	35,4
Erdnusskerne	25,3	11,7
Flohsamenschalen	2,3	79,0
Haferflocken, kernig	12,5	10,0
Haferkleie	19,0	18,0
Haselnusskerne	12,0	8,2
Kokosmilch, Dose	2,0	(nur Spuren)
Kokosraspel	5,6	24,0
Leinsamen	24,4	35,0
Mandelmehl, teilentöltes	53,0	16,0
Mandeln	18,7	13,5
Quinoa, roh	13,8	6,6
Sonnenblumenkerne	22,5	6,3
Walnusskerne	14,4	6,1

Milch und Milchprodukte	g EW/100 g	g BST/100 g
Bergkäse (45 % Fett i. Tr.)	29,9	0
Buttermilch (1,5 % Fett)	3,4	0
Crème légère (15 % Fett)	4,5	0
Feta/Schafskäse (45 % Fett i. Tr.)	16,7	0
Frischkäse, Halbfettstufe	13,2	0
Frischkäse, körniger (Hüttenkäse)	13,6	0
Gouda (40 % Fett i. Tr.)	24,7	0
Halloumi/Grillkäse (43 % Fett i. Tr.)	27,5	0
Joghurt (3,5 % Fett)	3,3	0
Joghurt, griechischer (10 % Fett)	6,5	0
Kefir (1,5 % Fett)	3,4	0
Magerquark	13,5	0
Milch (3,5 % Fett)	3,3	0
Mozzarella (45 % Fett i. Tr.)	19,6	0
Parmesan	33,5	0
Ricotta (42 % Fett i. Tr.)	9,3	0
saure Sahne (10 % Fett)	3,1	0
Skyr (0 % Fett)	11,0	0

Eier, Fleisch und Fisch	g EW/100 g	g BST/100 g
Eier (Größe M)	6,7	0
Garnelen, roh, geschält	18,6	0
Hähnchenbrustaufschnitt, gegart	21,9	0
Hähnchenbrustfilet, mit Haut	22,2	0
Heilbutt, roh, Fischzuschnitt	20,1	0
Kabeljau, roh, Fischzuschnitt	17,7	0
Krabben, gegart, geschält	17,5	0
Lachs, roh	19,9	0
Lachs, geräuchert	28,5	0
Makrele, geräuchert	20,7	0
Matjes, roh, Fischzuschnitt	16,0	0
Putenbrustaufschnitt, gegart	23,0	0
Putenbrust, roh	24,1	0
Rinderhackfleisch, mager	22,5	0
Rindertatar (Schabefleisch)	21,2	0
Roastbeef, Lende	22,4	0
Rotbarsch, roh, Fischzuschnitt	18,2	0

Quelle: Die große GU-Nährwert-Kalorien-Tabelle, 2018/2019, sowie Herstellerangaben

Rezeptregister

Impressum

Kaiserstraße 14 b, D-80801 München

ISBN 978-3-96584-025-6
2. Auflage 2020

Projektleitung: Kathrin Ullerich
Lektorat: Kathrin Gritschneder
Rezeptentwicklung: Martina Kittler
Covergestaltung und grafische Gestaltung:
ZERO Werbeagentur, München
Satz: Karin Miller
Foodfotografie: Julia Hoersch
Foodstyling: Petra Speckmann
Porträtfotos: Claudia Timmann
Alle anderen Bilder und Illustrationen: Shutterstock
Herstellung: Frank Jansen
Producing: Jan Russok
Druck & Bindung: optimal Media GmbH, Röbel

Kurze Wege schonen die Umwelt
Dieses Buch wurde in Deutschland gedruckt

Im Buch enthaltene Rezeptfotos können zur eigenen Nutzung erworben werden unter www.stockfood.com

Die ZS Verlag GmbH ist ein Unternehmen der Edel SE & Co. KGaA, Hamburg.
www.zsverlag.de | www.facebook.com/zsverlag

Danksagung

Ich bedanke mich bei meiner Familie, meinem gesamten Praxisteam mit meinen Ernährungsberaterinnen Jana Zimmat, Maria Stoba und ganz besonders Dana Höft. Außerdem danke ich dem ZS Verlag für die gute und vertrauensvolle Zusammenarbeit.

Hinweis

Die Ratschläge in diesem Buch wurden mit größter Sorgfalt von Autorin und Verlag erarbeitet und geprüft. Eine Garantie kann jedoch nicht übernommen werden. Ebenso ist eine Haftung der Autorin bzw. des Verlags und seiner Beauftragten für Personen-, Sach- oder Vermögensschäden ausgeschlossen. Erkrankungen mit ernstem Hintergrund gehören in ärztliche Behandlung! Bei bereits bestehenden Beschwerden kann das Buch daher keinen fachärztlichen Rat ersetzen.